Marjon van Dalen

Kalifat oder Tod

Ein Boko-Haram-Kämpfer begegnet Jesus

Deutsch von Renate Hübsch

BRUNNEN
Verlag GmbH · Giessen

Die niederländische Originalausgabe erschien unter dem Titel
„Kalifat of de Kogel" bei SDOK (Stichting De Ondergrondse Kerk).
© 2015 SDOK

Um bestimmte Personen zu schützen,
wurden Namen und Ortsangaben zum Teil geändert.

Auch als E-Book erhältlich:
ISBN 978-3-7655-7404-7

© der deutschen Ausgabe: 2016 Brunnen Verlag Gießen
www.brunnen-verlag.de
Umschlagfoto: shutterstock
Umschlaggestaltung: Daniela Sprenger
Satz: Uhl+Massopust, Aalen
Druck: CPI – Ebner & Spiegel, Ulm
ISBN 978-3-7655-4293-0

Inhalt

Vorwort zur deutschen Ausgabe 5

Sie kamen in der Dunkelheit 7

Flug nach Jos 8

Habila und Vivian 12

Der Abend, der alles veränderte 18

Keine medizinische Erklärung 30

Ein brüllender Löwe 34

Der Traum 43

Der Verräter 49

Eine Gemeinde voller Freude 55

Umar, der ehemalige Boko-Haram-Kämpfer 59

Einsamkeit 69

Drei Jahre bei Boko Haram 74

Bittere Tränen 81

Brüder 94

Die Kraft der Christen in Nigeria 101

Nachwort 105

Hilfsaktion Märtyrerkirche –
Verfolgten Christen helfen und von ihnen lernen . . 107

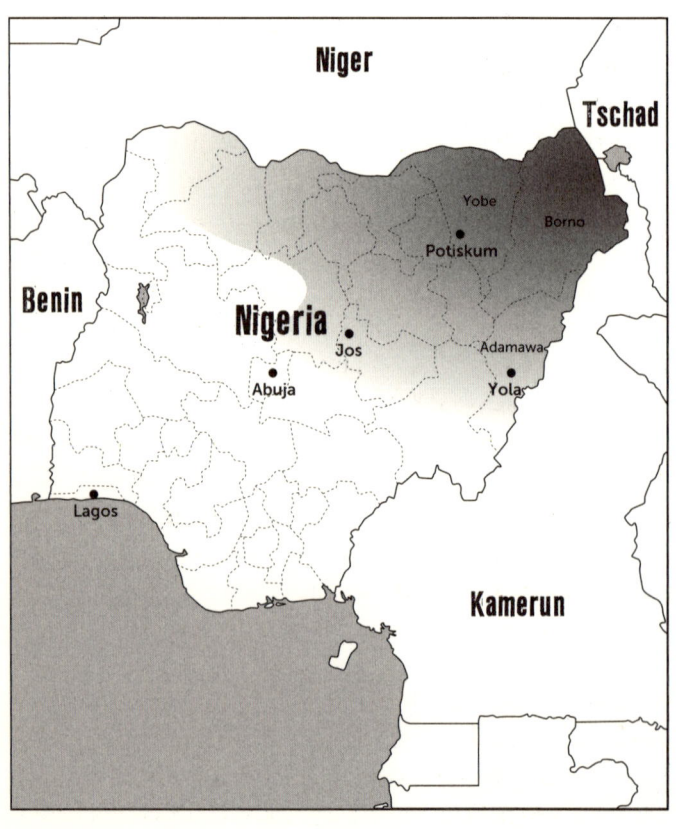

Vorwort zur deutschen Ausgabe

Kalifat oder Tod? Wir können uns solche Alternativen kaum vorstellen. Dennoch ist diese Wahl für unzählige Christen in den Ländern der Märtyrer bittere Realität. „Märtyrer", dieses griechische Wort bedeutet „Zeuge". Zeuge des Evangeliums. Zeuge für Jesus. Zeuge einer großen Hoffnung über den Tod hinaus. Zeuge eines Vaterlandes jenseits dieser Welt. Zeugen für ein Leben in Fülle. Zeugen einer besseren Welt. Jesus gibt seinen Jüngern den Auftrag: „Ihr werdet meine Zeugen sein in Jerusalem, Judäa, Samaria und bis an das Ende der Welt" (Apostelgeschichte 1,8).

Das war der Auftrag der ersten Jünger – und das ist immer noch unser Auftrag heute im 21. Jahrhundert: Wir erzählen, was Jesus in unserem Leben getan hat und was wir mit ihm erlebt haben. Viele mutige Jesus-Zeugen nehmen dafür Benachteiligung, Ausgrenzung, Spott, Unterdrückung, Folter, Inhaftierung oder sogar den Tod in Kauf.

Dieses Buch erzählt von solchen Zeugen Jesu in Nordnigeria. Dort, wo die Terrorgruppe Boko Haram ihr Unwesen treibt und ein islamisches Kalifat errichten will. Dort haben Christen keinen Platz und werden ermordet oder vertrieben. Mittendrin das Schicksal von Bahdri und Habila.

Bahdris Geschichte schmerzt schon fast beim Lesen. Wie kann Gott es zulassen, dass einer seiner Nachfolger den Horror eines Boko-Haram-Trainingslagers durchstehen muss? Aber Bahdris Geschichte lässt einen staunen über die Größe unseres Gottes und seine Fähigkeiten, Menschen zu verändern, ja neu zu machen.

Ich habe den nigerianischen Christen Habila getroffen, der in diesem gewalttätigen Klima der Schariagesetze und des Terrorismus beinahe ums Leben gekommen wäre. Habila, der Jesus nicht verleugnete und heute ein Botschafter der Liebe und der Versöhnung in der Kraft des Evangeliums ist. Seine Liebe zu Jesus und sein Glaubensmut sind ansteckend. Seine Liebe für seine Peiniger auch. Er ist Zeuge dafür, dass Jesus einen Menschen frei machen kann von Rachegelüsten und ihn mit Liebe füllen kann. Dieses Buch erzählt, was die Begegnung dieser beiden Männer bewirkte.

Deutschland ist nicht Nordnigeria und doch nehmen Übergriffe auf Christen auch bei uns zu. Wir können von den Christen in Nordnigeria lernen. Vielleicht sollten wir uns alle einmal fragen: Was darf uns unser Glaube kosten? Welchen Preis sind wir bereit zu zahlen, weil wir zu Jesus gehören?

Was wollen wir sagen, wenn wir einmal auf unseren Glauben angesprochen werden und die klare Antwort nur Nachteile bringen würde?

Ich wünsche Ihnen und mir den Mut, sich wie Bahdri und Habila ganz auf die Seite von Jesus zu stellen und dann auch seine Macht und Kraft kennenzulernen, die alle Furcht überwinden hilft. Mutige, furchtlose Jesus-Zeugen brauchen wir auch hierzulande.

Manfred Müller
Missionsleiter der Hilfsaktion Märtyrerkirche

Sie kamen in der Dunkelheit

Gegen elf Uhr abends schreckte Habila hoch. Durch die Vorhänge sah er eine Taschenlampe, deren Lichtkegel über die Wand des Schlafzimmers tanzte. Stimmen waren zu hören. „Nigerianische Armee. Machen Sie auf!" Vivian war sofort wach. Sie saßen aufrecht im Bett und sahen einander voller Angst an. Was nun? Habila sprang rasch aus dem Bett. Wenn die Armee vorbeikam, hatte man keine Wahl. Sie mussten die Tür öffnen. Vorsichtig suchte er sich seinen Weg zur Tür und drehte den Schlüssel um. Dann schlug der Terror zu. Habila fand sich Auge in Auge mit einer Gruppe Männern in schwarzen Sturmhauben und Kalaschnikows in den Händen. Sofort war ihm klar: Das waren keine Soldaten. Das war Boko Haram.

Vier maskierte Männer stürmten direkt ins Wohnzimmer. Ein fünfter hielt draußen am Hoftor Wache.

Habila wich zurück. „Jesus!", schrie Vivian auf, in Panik angesichts der nächtlichen Besucher.

„Wir kommen, um das Werk Allahs zu tun!", schrie einer der Männer …

Flug nach Jos

Gerade hat die nigerianische Stewardess Tüten mit Erd-
nüssen verteilt. Ich nehme einen Schluck von meinem
Saft und spähe aus dem Flugzeugfenster. Tief unter
mir erstreckt sich der Regenwald. Hier und da erkennt
man Lichtungen, darauf ein paar braune Blätterhütten.
Ein mächtiger Fluss sucht sich seinen gewundenen Weg
durch die Landschaft. Vor zwanzig Minuten sind wir von
Lagos, Afrikas größtem Ballungsgebiet, aus gestartet. Die
Stadt Jos im Landesinneren ist unser Ziel.

Das kleine Flugzeug ist kaum halb voll; ich bin die einzige Europäerin an Bord. In der Reihe vor mir sitzt eine
füllige Dame in einem glänzenden braunen Kleid und
einer Kopfbedeckung aus demselben Stoff. Sehr konzentriert liest sie in der großen Bibel, die sie auf dem Schoß
liegen hat. Die Stimmung an Bord ist entspannt – bis
das Flugzeug plötzlich in Turbulenzen gerät. „Ay-ay-ay-
aah!", ertönt es laut und klagend aus den Kehlen meiner
Mitreisenden. Über den Sitzen leuchtet das Signal, sich
anzuschnallen. Rums! Das Flugzeug sackt weiter, und
zwar nicht zu knapp. Ich schaue aus dem Fenster und
sehe, dass die Luft über dem Regenwald jetzt dunkel und
staubig ist. Wir fliegen direkt in einen Tropensturm. Vor
uns zucken Blitze. Ich spüre, wie mir Adrenalin durchs
Blut schießt. Die noch frischen Bilder des Flugs MH17
tauchen lebhaft aus meinem Gedächtnis auf. Die riesigen,
qualmenden Trümmerteile, die sich über ein Feld verteil-

ten, waren ein Anblick, der ganz Holland erschüttert hat. Wird dies etwa mein letzter Flug sein? Warum musste ich überhaupt auch nach Nigeria kommen?

Für die kommenden Wochen besteht meine Aufgabe darin, Interviews mit Menschen zu führen, die Opfer der islamistischen Terrorgruppe Boko Haram geworden sind. Die Bewegung hat sich in Nordnigeria fest etabliert und in den letzten Jahren Tausende Zivilisten brutal ermordet: Amnesty International verzeichnet seit Anfang 2014 bereits 5500 getötete Zivilisten. Oft sind es Lehrer oder Staatsangestellte, gegen die Boko Haram besonders gezielt vorgeht. Aber auch besonders Christen sind Ziele tödlicher Angriffe, weil ihr Glaube mit der Vorstellung von einem islamischen Kalifat kollidiert, zu dem Boko Haram den Norden Nigerias erklärt hat.

Die hohe Zahl an Todesopfern und die unermessliche Tragödie, die jeder einzelne dieser Toten bedeutet, schockieren mich. In holländischen Zeitungen erfährt man über diese Vorfälle allenfalls etwas in einer Kurzmeldung auf der letzten Seite – eine Tatsache, die mich in meiner Motivation nur bestärkt, die Geschichten hinter diesen erschreckenden Zahlen kennenzulernen. Wie verändert sich das Leben eines durchschnittlichen Nigerianers durch Boko Haram? Wie überlebt die nigerianische Kirche in diesem Ansturm äußerst brutaler Gewalt? Das sind die Fragen, auf die ich in den kommenden Wochen Antworten suche.

Ich beginne meine Suche mit einem Besuch bei dem nigerianischen Christen Habila Adamu. Ihm haben Boko-Haram-Leute aus nächster Nähe in den Kopf geschossen und ihn dann als tot liegen gelassen. Über Habila hoffe ich auch in Kontakt zu weiteren Opfern der Terrortruppe zu kommen.

Der Name Boko Haram bedeutet „Westliche Bildung ist Sünde". Wie es scheint, erhebt sich der Widerstand, von dem der Name der Gruppe spricht, bereits, bevor ich überhaupt in Jos gelandet bin. Wo hatte ich doch gleich gelesen, man dürfe dem Schicksal nicht die Stirn bieten?

„*Ay-ay-ay-aah!*" Die Schreckensrufe der nigerianischen Passagiere sind inzwischen wirklich laut. Das Flugzeug sackt wieder; diesmal neigt es sich auch noch bedrohlich zur Seite – und gleich darauf zur anderen. Es scheint, als werde die Maschine wehrlos hin- und hergestoßen. Wir ruckeln von links nach rechts und wieder zurück. Die Dame im glänzenden Kleid schwenkt die Bibel über dem Kopf und beginnt, laut zu beten: „*Herr Jesus, rette uns! Wenn du nur ein Wort sprichst, müssen die Geister der Luft dir gehorchen. Jesus, o Jesus ...*"

Die Anspannung unter den Passagieren wächst. Weitere Stimmen beginnen ebenfalls zu beten, überschneiden sich. Zum großen Verdruss der Flugbegleiterin hat der makellos gekleidete Gentleman hinter mir das Zeichen zum Anschnallen ignoriert und blockiert nun den Mittelgang im Versuch, in dem ruckelnden Flugzeug halbwegs elegant auf die Knie zu gehen. *Allahu akbar* – „Allah ist größer", höre ich ihn leise murmeln, während er die Stirn auf den Fußboden beugt.

Ich fühle mich, als hätte man mich plötzlich in ein groteskes Szenarium versetzt. Ob wir je in Jos ankommen? Ich bin mir nicht sicher. Oder ist unser Ende nah?

Dann, ganz plötzlich, sind die Turbulenzen wie von Zauberhand weggewischt. Der Wind hat sich beruhigt und die Sprechanlage funktioniert wieder. Ein Weilchen knackt es, dann dringt eine nervöse Stimme durch: *„Ladys und Gentlemen, hier spricht Ihr Kapitän. Wir mussten gerade einem heftigen Sturm ausweichen und ändern unseren Kurs in Richtung Abuja, wo wir zwischenlanden werden. Wir werden am Boden warten, bis die Wetterlage sich ausreichend beruhigt hat, um unseren Flug nach Jos sicher fortzusetzen."*

„Danke, Jesus!" Die Stimme der Dame mit der Bibel füllt die gesamte Kabine. „Amen!", antworten etliche Nigerianer wie aus einem Mund. „Willkommen in Nigeria!", denke ich mit einem Seufzer der Erleichterung.

Marjon van Dalen
März 2015

Habila und Vivian

Die Ausläufer von Jos, der Metropole im Zentrum von Nigeria, bieten einen bemerkenswerten Anblick. Vor dem leuchtenden Grün der Hochebene, aus dem immer wieder riesige Felsbrocken hervorleuchten, wirken die einfachen Häuser, als habe man sie dutzendweise zwischen die Felsen gestreut.

Sieht man genauer hin, wird allerdings schnell klar, dass nichts dem Zufall überlassen wurde. Die hier ansässigen Familien haben sich alle den Felsen sorgfältig ausgesucht, in dessen Schutz sie ihr Haus bauen wollten. Manche haben äußerst einfallsreiche Kreationen in die Landschaft gesetzt und ihre Häuser als eine Art Erweiterung des Felsens gebaut. Der Fels dient ihnen als Trockenplatz für die Wäsche, was äußerst effizient ist, denn sobald die Sonne auch nur ein wenig hervorschaut, wird das Gestein heiß wie ein Backofen. Andere haben sich dafür entschieden, ihre Behausung in eine Felsspalte zu setzen. Anscheinend wissen sie den zusätzlichen Schutz zu schätzen, den solide Felswände zu zwei Seiten hin bieten. Aber Schutz wovor? Regen, Wind, Fäuste, Kugeln – all das kann hier durch die Luft fliegen. Wer in Jos lebt, hat keinen Mangel an Dingen, vor denen man sich schützen muss.

Zur Kolonialzeit hatte die Stadt ihre Blütezeit als stolzes Zentrum der Zinnindustrie. Die strategisch günstige Lage auf einem Hochplateau im Herzen Nigerias veranlasste die Briten, hier 1915 eine Siedlung zu gründen. Was sie vor allem dazu bewog, war die Aussicht auf reiche Bodenschätze in der Gegend. 17 000 Tonnen Zinn wurden jährlich aus den Minen in und um Jos gewonnen; 75 000 Einheimische fanden hier Arbeit.

Heute sind die Minen, bis auf wenige Ausnahmen, stillgelegt. Nach dem Preisverfall für Zinn in den 1930er-Jahren haben die großen Gesellschaften das Gebiet verlassen und die örtliche Wirtschaft damit in eine Dauerkrise gestürzt. Überall in der Landschaft stehen rostzerfressene Förderbänder, die sich schon seit Jahrzehnten nicht mehr bewegen, als stumme Zeugen dafür, dass die Stadt einmal bessere Tage gesehen hat. Hier und dort hält noch ein maroder Kran seinen Posten, den Sockel umschlungen von hohem Gras, in dem sich ein Mann verbergen könnte. Die Wirtschaft des modernen Jos ist nur noch ein schwacher Abklatsch ihres früheren Selbst.

Die meisten Einwohner sind nicht gerade optimistisch, was ihre Zukunft angeht – nicht nur, weil die wirtschaftlichen Aussichten düster sind, sondern auch, weil sie der Gewalt ausgeliefert sind. Im Norden gewinnt die islamistische Gruppierung Boko Haram immer mehr an Boden. Die Menschen in Jos sind sich sehr wohl bewusst, dass es nicht viel braucht, bis der Funke überspringt und die ganze Stadt in Brand setzt. Sie liegt genau dort, wo der überwiegend muslimische Norden und der mehrheitlich christliche Süden Nigerias aufeinandertreffen. Erst vor ein paar Jahren wurden in Jos dreißig Menschen bei einem Angriff an Weihnachten getötet. Nachdem eine Kirche in Brand gesteckt worden war, brachen Kämpfe zwischen Christen und Muslimen aus. Im nächsten Jahr zu Weihnachten gab es wieder gewaltsame Übergriffe. Niemand in Jos blieb davon unbehelligt: Wer nicht selbst Angehörige verloren hat, hat Freunde, die um Familienmitglieder trauern. Niemand hier zweifelt daran, dass Boko Haram bereits etliche Schläferzellen in der Stadt hat, die nur auf ihre Befehle warten.

Unser Vierradantrieb ruckelt zwischen den Felsbrocken über die Lehmpiste. Ein paarmal schleudert es mich aus dem Rücksitz und mein Kopf trifft auf das Blechdach des Jeeps. Aber nach dem turbulenten Flug gestern bin ich froh, dass dieses Transportmittel heute vier Räder hat, die auf der Erde stehen. Das Fahrzeug schlingert zwischen den Häusern hindurch. Rechts und links von uns springen spielende Kinder aus dem Weg. Eine kräftige Frau in einem bunten Kleid verliert fast das Gleichgewicht, als sie über ein Schlagloch springt, um uns auszuweichen. Unter ihrem Kopfputz funkeln zornige Augen finster unseren Fahrer an. Ein paar Hundert Meter geht es noch über die unebene Straße, dann haben wir unser Ziel erreicht.

An diesem Tag besuche ich Habila und seine Familie. Vor mehr als einem Jahr sind sie aus Potiskum, ihrer Heimatstadt im Norden, geflohen. Sie waren dort nicht mehr sicher, nachdem Habila Ziel eines Attentats durch Boko-Haram-Kämpfer geworden war und es nur mit knapper Not überlebt hatte. Hier in Jos kann die Familie relativ anonym leben. Ich bin gespannt, was sie zu berichten haben.

Es ist gerade genug Platz vorhanden, um unser Auto

vor einem kleinen Laden zu parken, der Plastikeimer verkauft. Rechts davon schwingt ein großes eisernes Tor auf. „Guten Morgen!" Mit einem strahlenden Lächeln erwartet uns Habila. Er trägt einen blauen Jogginganzug, streckt uns einladend die Hand entgegen und winkt uns herein. Der einheimische Fahrer und ich überqueren den kleinen Hof in seinem Kielwasser. Das Haus ist von beiden Seiten von Zementhäuschen mit Flachdächern umgeben. Anstelle von Haustüren hängen bodenlange Vorhänge in den Türnischen. Habila zieht einen davon zurück und wir folgen ihm nach drinnen.

Im Dämmerlicht treffen wir auf die kleine Gladys, die auf dem Fußboden herumkrabbelt. „Vivian, Besuch!" Habilas Frau steckt den Kopf hinter einem zweiten Vorhang hervor, der die Küche abtrennt. Ich sehe ihr Gesicht und weiß sofort, dass sie eine lebensfrohe Person ist, aber auch jemand, der über die Würde verfügt, die so typisch ist für die Frauen in Nigeria. Ihr Kleid ist ockergelb mit einem roten Muster. Lässig trägt sie einen Kopfputz aus demselben Stoff.

„Herzlich willkommen!" Vivians freundliche Augen erhellen ihr ganzes Gesicht. Sofort verschwindet sie wieder in der Küche, wo sie irgendeine teigförmige Leckerei auf einem wackeligen Paraffinofen frittiert. David, der siebenjährige Sohn, hat schon gerochen, dass es etwas Leckeres gibt. Gerade noch war er nirgendwo zu sehen, auch nicht, als wir ins Haus kamen, aber nun taucht er plötzlich auf. Seine Körpersprache verrät, dass er nicht jeden Morgen einen solchen Leckerbissen zum Frühstück bekommt.

Die Sommerferien sind schon zu Ende, aber David ist noch zu Hause. Nigerias Schulen haben den Unterricht noch nicht wieder aufgenommen, nachdem der Ebola-Virus, der in den Nachbarländern grassierte, nun auch in Nigeria aufgetaucht ist. Um angesichts dieser hoch ansteckenden Krankheit keinerlei Risiken einzugehen, hat die Regierung beschlossen, dass die Schulen bis auf Weiteres geschlossen bleiben.

„Heute ist es Boko Haram, morgen ist es Ebola", seufzt Vivian. Mit gerunzelter Stirn vertraut sie mir ihre Sorge an, dass David schulisch zurückbleiben könnte, wenn der Unterricht immer wieder unterbrochen wird. In den letzten zwei Jahren haben sie zu viele gravierende Umbrüche erlebt. Mehr als einmal, seit sie Mutter geworden war, hat Vivian dem Tod ins Auge geblickt. Dass Habila heute am Leben ist, ist für sie ein Wunder Gottes. „Wenn mir vor anderthalb Jahren jemand gesagt hätte, dass Habila jenen schrecklichen Tag überleben und heil und gesund hier neben mir auf dem Sofa sitzen würde, ich hätte es ganz bestimmt nicht geglaubt", lacht sie und zeigt dabei strahlend weiße Zähne. Man sieht es diesem Paar nicht an, dass es sehr kummervolle Zeiten hinter sich hat. Rasch verschwindet sie jetzt wieder hinter dem Vorhang zur Küche, um gleich darauf mit einer großen Teekanne und einer Schüssel mit Gebäck wieder aufzutauchen.

Mit sichtlichem Stolz lässt Vivian sich auf dem Sofa nieder. Gladys, vor Kurzem ein Jahr alt geworden, krabbelt ihr auf den Schoß. Sie strahlt ebenso wie ihre Mutter. „Ich sehe in ihr ein Gottesgeschenk", sagt Vivian.

Mich, die nüchterne Holländerin, hat es schon immer fasziniert, wie viel Grund zur Freude afrikanische Frauen in ihrem Leben entdecken, besonders solche, die unter keinen glücklichen äußeren Bedingungen leben. Vivian bestätigt mir das ein weiteres Mal. Der Anschlag auf Habilas Leben hat die Familie ins Chaos gestürzt. Sie haben nicht nur seinen Job verloren, sondern auch Haus und Habe.

Ich staune, wie Vivian es schafft, ihre Freude und ihr unerschütterliches Gottvertrauen zu behalten, nach allem, was sie durchgemacht hat. „Gott sorgt für uns, unter allen Umständen, das weiß ich. Ich habe erfahren, dass es so ist", erklärt sie. Vivian ist sehr geübt in der Kunst, dankbar zu sein für das, was sie hat; das wird mir bereits bei dieser ersten Begegnung klar. Ihr Glaube ist die unerschöpfliche Kraftquelle und sie beherrscht die Kunst, immer wieder daraus zu schöpfen.

Der Abend, der alles veränderte

An dem Tag, als es geschah, war Habilas Bruder zu Besuch gewesen. „Wir haben lange darüber geredet, ob wir vielleicht doch besser aus Potiskum weggehen", erinnert sich Habila. „Mein Bruder hat mir dringend geraten, mit Vivian und David irgendwo anders hinzugehen, wenigstens eine Zeit lang. Er war besorgt um unsere Sicherheit."

Schon damals war die Situation in Potiskum, einer Stadt im Norden des Landes, die berühmt ist für ihren Viehhandel, angespannt gewesen. Immer öfter hatten Boko-Haram-Kämpfer Menschen entführt oder ermordet, ohne jeden Anlass. Etliche Mitglieder aus Habilas Gemeinde waren getötet worden, anscheinend völlig willkürlich. Als Habilas Pastor zur Polizei ging, um den brutalen Mord an einem seiner Gemeindeglieder anzuzeigen, fragte der Polizeibeamte ihn nur, warum er seine Zeit damit „verschwende", dem Fall nachzugehen, wo der Mann doch ohnehin jetzt tot sei. Das macht deutlich, welche Stimmung damals in Potiskum herrschte.

„Man konnte am helllichten Tag auf den Markt gehen und war sich nie sicher, ob man heil wieder nach Hause kommen würde. Irgendjemand konnte einen einfach erschießen. Und das ist bis heute so." Aus Habilas Sicht ist es diese Unberechenbarkeit, die die Bevölkerung vor allem nervös macht. Boko-Haram-Kämpfer tauchen plötzlich auf, ohne jede Warnung. „Man weiß nie, was passieren wird. Das Einzige, was feststeht, ist: Man kann sich nicht darauf verlassen, dass die nigerianische Armee einen schützt." Die Boko-Haram-Milizen sind weit besser bewaffnet als die Armee und mehr als einmal flohen Regierungssoldaten einfach vor einem Angriff von Boko Haram und überließen die Bevölkerung ihrem Schicksal.

Trotz all dieser Risiken war Habila damals noch nicht bereit gewesen, Potiskum zu verlassen. Auch das ernste Gespräch mit seinem Bruder hatte ihn nicht dazu gebracht, seine Meinung zu ändern. Am Nachmittag hatten sie alle Argumente noch einmal auf den Tisch gelegt. Es war kein einfaches Gespräch gewesen. Angesichts der Lage hatte Habilas Bruder kein Vertrauen mehr. Habila dagegen war nicht bereit, sich aus seinem eigenen Haus und von dem Land, das er von seinem Vater geerbt hatte, einfach so vertreiben zu lassen. „Ich lebe hier", hatte er seinem Bruder gesagt. „Dies ist mein Haus und mein Land. Ich gebe keinen Zentimeter nach!" Dass sie Hand an seine Familie legen würden, glaubte er nicht. Nicht, dass er blind gewesen wäre für alles, was um ihn her geschah, aber sollte man vor einem Haufen Banditen davonlaufen? Dafür sprach gar nichts, soweit es ihn betraf. In dem Moment, in dem Habila trotzig beschloss, in Potiskum zu bleiben, konnte er nicht ahnen, welcher Horror ihn noch am selben Tag erwartete ...

Im dämmrigen Wohnzimmer in Jos lausche ich auf Habilas Geschichte und versuche, mir die Szene vor Augen zu malen. Ich als Außenstehende kann mir kaum vorstellen, wie ich an seiner Stelle gehandelt hätte. Wie schwer ist es, alles hinter sich zu lassen und fortzugehen? Sind es objektive Gründe, die ausschlaggebend sind, wenn man eine solche Wahl treffen muss? Ist es für einen Mann eine Frage der Ehre, dass er bleibt und Heim und Herd verteidigt? Oder spielt vor allem eine Rolle, dass ein Christ den geistlichen Auftrag hat, seinen Glauben auch in einer feindlichen Umgebung zu leben? Wie schwer wiegt der Glaube, wenn man eine derartige Entscheidung treffen muss?

An jenem verhängnisvollen Abend war Vivian müde. Sie hatte einen geschäftigen Tag hinter sich und die Schwangerschaft trug dazu bei, dass sie nun am Abend nur noch wenig Energie besaß. Um sieben Uhr brachte sie David, damals fünf, ins Bett und dachte sich, es wäre eine gute Idee, selbst auch früh schlafen zu gehen. Habila blieb noch eine Weile vor dem Fernseher sitzen. Um zehn Uhr schloss er das Haus ab und ging ins Bett. Das Haus lag jetzt in tiefer Ruhe – aber das sollte nicht lange so bleiben.

Gegen elf Uhr schreckte Habila hoch. Durch die Vorhänge sah er eine Taschenlampe, deren Lichtkegel über die Wand des Schlafzimmers tanzte. Stimmen waren zu hören. „Nigerianische Armee. Machen Sie auf!" Vivian war sofort wach. Sie saßen aufrecht in den Betten und sahen einander furchtsam an. Was nun? Habila sprang rasch aus dem Bett. Wenn die Armee vorbeikam, hatte man keine Wahl. Sie mussten die Tür öffnen. Vorsichtig suchte er sich seinen Weg zur Tür und drehte den Schlüssel um. Dann schlug der Terror zu. Habila fand sich Auge in Auge mit einer Gruppe Männern in schwarzen Sturmhauben und Kalaschnikows in den Händen. Sofort war ihm klar: Das waren keine Soldaten. Das war Boko Haram.

Vier maskierte Männer stürmten direkt ins Wohnzimmer. Ein fünfter hielt draußen am Hoftor Wache. Habila wich zurück. „Jesus!", schrie Vivian auf, in Panik angesichts der nächtlichen Besucher.

„Wir kommen, um das Werk Allahs zu tun!", schrie einer der Männer. Da wusste Habila, dass die ganze Sache nur schlimm enden konnte. Diese Männer waren in Eile. Sie zwangen Habila, ihnen den Schlüssel zum Tor auszuhändigen; Vivian befahlen sie, alles Geld, Wertsachen und Handys im Haus zusammenzusammeln und auszuhändigen. Habila wurde im Wohnzimmer festgehalten. Dort stand er und begann leise zu beten: „Gott, ich bin ein Sünder. Wirst du mir meine Sünden vergeben?"

Einer der Männer, anscheinend der Anführer der Truppe, wandte sich an ihn. Habila machte einen Schritt vorwärts. In seinem Kopf überschlugen sich die Gedanken in jegliche Richtung, aber er fasste einen Entschluss: Er würde nichts sagen als die Wahrheit.

„Wie heißt du?"

„Habila Adamu."

„Wenn du dich nicht querstellst, bringen wir dich nicht um." Der Mann fixierte ihn mit einem durchdringenden Blick. Durch die Löcher in der Sturmmaske sah Habila nur seine Augen.

Die Befragung ging weiter: „Gehörst du zur nigerianischen Polizei?"

„Nein."

„Bist du Soldat?"

„Nein."

„Gehörst du zum staatlichen Sicherheitsdienst?"

„Nein."

„Bist du Christ."

„Ja. Ich bin Christ."

Der Mann schaltete jetzt in die Stimmlage Religionsübertritt. „Wir wissen, dass du ein guter Mensch bist. Du hast das Herz eines Muslims. Bevor wir dieses Haus verlassen, wirst du dir wünschen, Muslim zu werden." Habila war klar: Dieser Mann war zu allem fähig.

In der Zwischenzeit hatte einer der anderen, der ein paar Meter entfernt stand, immer wieder das Zielfernrohr seiner Waffe auf Habila gerichtet. Habila räusperte sich. „Wir haben auch einen Gott, und ich möchte euch das Evangelium dieses Gottes erklären, des wahren Gottes."

„Willst du mir erzählen, dass ihr Christen Gott kennt?", gab der Frager sichtlich verärgert zurück.

„Ja", antwortete Habila. „Ich kenne Gott. Deswegen erzähle ich Menschen, die ihn nicht kennen, von ihm und von seinem Evangelium." Einer der anderen Boko-Haram-Kämpfer redete unterdessen mit Vivian, die angefangen hatte, um Gnade zu flehen. „Du hast einen starrköpfigen Mann", bellte er sie an. Die Spannung stieg.

Der Mann gab seine indirekten Andeutungen auf und fragte nun unverblümt: „Habila, bist du bereit, als Christ zu sterben?"

„Ja", erwiderte Habila, „wenn es sein muss, dann bin ich bereit zu sterben."

Noch einmal, diesmal noch eindringlicher, fragte der Mann: „Habila, *bist du bereit, als Christ zu sterben?*"

Zum zweiten Mal antwortete Habila: „Ja", aber noch

bevor er die Lippen geschlossen hatte, drückte der Kämpfer, der zuvor auf ihn gezielt hatte, ab. Um Habila wurde es schwarz.

Er fiel nach vorn zu Boden. Aus einer klaffenden Wunde an Kiefer und Wange strömte das Blut und bildete sofort eine große Lache um seinen Kopf. Es gab kein Lebenszeichen mehr. In diesem Moment kam der kleine David, der von dem Lärm aufgewacht war, ins Wohnzimmer und wurde Zeuge, wie die Maskierten den leblosen Körper seines Vaters mit Fußtritten malträtierten und dabei in „Allahu akbar!"-Rufe ausbrachen. Sie hatten ihre Mission erfüllt und waren offensichtlich stolz darauf. Schnell verließen sie Haus und Grundstück und schlossen das Hoftor hinter sich ab.

Vivian war allein im Wohnzimmer zurückgeblieben. Sie stand unter Schock. Sie hatte alles mit angesehen. Außer sich vor Schmerz brach sie in Tränen aus und begann, Gott um Hilfe anzuflehen: „O Gott, hab Erbarmen!", schluchzte sie. „Wie soll ich weiterleben ohne einen Mann an meiner Seite? Denk doch bitte an mein ungeborenes Kind!"

Zu ihrem Erstaunen bewegte Habila ganz leicht den Kopf. Vivian konnte es kaum glauben: Habila lebte! Sie hatte geglaubt, er sei auf der Stelle tot gewesen; mit einer so großen Kopfwunde konnte es doch gar nicht anders sein. Aber lange würde er gewiss nicht überleben, der Blutverlust war zu groß, dachte sie verzweifelt. Dann hörte sie von Habila die Worte, die sie ihr Leben lang nicht mehr vergessen wird: „Christus ist mein Leben und das Sterben für mich nur Gewinn." Sie erschütterten Vivian bis ins Innerste. Im entscheidenden Moment hatte ihr Mann seinen Gott nicht verleugnet und war bereit, für ihn zu sterben!

Obwohl der Schmerz sie überwältigte, war ihr klar, dass sie unbedingt so rasch wie möglich Hilfe holen musste. Immer noch strömte das Blut aus Habilas Wunde. Wenn sie nichts tat, würde er verbluten, das wusste sie. Aber wohin sollte sie sich wenden? Es war fast Mitternacht und alle Häuser waren dunkel. Sie ging dennoch hinaus. Eine andere Wahl hatte sie nicht. David blieb bei seinem schwer verletzten Vater zurück.

Als Vivian aus dem Haus trat, stieß sie auf ein ernsthaftes Hindernis: Die Mörder hatten das Tor verschlossen. Das Haus selbst umgab eine hohe Mauer. Vivian berichtet: „Ich weiß noch, dass ich gebetet habe und einfach anfing zu klettern. Auf einmal schien die Mauer niedriger zu werden. Gott muss mir geholfen haben. Sonst kann ich mir nicht erklären, wie ich über die Mauer gekommen bin."

Als sie wieder auf dem Boden stand, wartete eine weitere grausige Entdeckung auf sie. Habila war in dieser Nacht nicht das einzige Opfer gewesen. Die ganze Straße war in panischem Aufruhr, überall standen weinende Nachbarn und schreiende Menschen. Zwölf Christen aus ihrer Nachbarschaft waren getötet worden. Einer von ihnen war Jibring Matinja, der langjährige Vorsitzende des Ältestenkreises von Vivians und Habilas Gemeinde. Er war zusammen mit seinem 28-jährigen Sohn gestorben. Beide waren nur für diese Nacht in Potiskum gewesen, nachdem sie eines ihrer Felder in der Nähe der

Stadt abgeerntet hatten. Zur falschen Zeit am falschen Ort. Die überlebenden Frauen verbrachten die Nacht im Schockzustand, verängstigt und durcheinander. Alle weinten und waren nervös und erschöpft; dazu kam die verzweifelte Frage, was ihnen wohl noch bevorstand. Sie mussten um ihr Leben fürchten.

Der entsetzlichen Entdeckung, dass es in der Nacht viele Morde gegeben hatte, folgte bald eine weitere Prüfung für Vivians Geduld. Sie erzählte mir: „Ich fragte die Nachbarn, ob mir jemand ein Handy leihen könnte, damit ich das Krankenhaus anrufen konnte. Aber alle hatten zu viel Angst. Boko Haram hatte sie in derartigen Schrecken versetzt, dass niemand es wagte, mir sein Handy zu leihen! Was würde ihnen passieren, wenn die Boko-Haram-Leute herausfanden, dass sie mir geholfen hatten?" Vivian war ratlos. Wenn nicht schnell Hilfe kam, würde Habila ebenso sterben wie die anderen Männer.

Endlich konnte eine Nachbarsfamilie sich durchringen und lieh Vivian ein Smartphone, damit sie die Polizei benachrichtigen konnte. Ihre Hoffnung, dass nun rasch Hilfe kommen würde, wurde bald zerstört; niemand kam. Auch die Polizei fürchtete Vergeltungsmaßnahmen durch die Terrorgruppe. Jetzt wusste Vivian überhaupt nicht mehr weiter. Gab es denn wirklich niemanden, der bereit war, ihr zu helfen?

Habila lag nun schon seit Stunden im Wohnzimmer auf dem Fußboden; die Wunde blutete noch immer und sein Kopf war von einer großen Blutlache umgeben. Er hatte das Bewusstsein verloren, aber wie durch ein Wunder war er noch am Leben. Wie sich zeigen sollte, würde vor der Morgendämmerung keine Hilfe kommen. So lange dauerte es, bis ein Taxifahrer genug Mut gefasst hatte, Habila ins örtliche Krankenhaus zu fahren.

„Als wir endlich dort ankamen", fährt Vivian fort, „sagte man mir, sie könnten ihn nicht behandeln, weil die Kopfverletzung zu kompliziert sei. Sie hatten dort keinerlei Erfahrung mit Fällen wie diesem." Selbst die Ärzte waren sichtbar schockiert, als sie Habilas Gesicht sahen. „Wo die Kugel wieder ausgetreten war, hatte sie ein Stück der Wange herausgerissen, das nun komplett fehlte." Habila bekam einen Verband, der den Blutfluss erst einmal stoppen sollte. Das war alles, was er an medizinischer Versorgung erhielt.

Vivian war außer sich vor Sorge. Was sollte sie als Nächstes tun? Sie tätigte ein paar Anrufe und am Ende gelang es Pastor Awayi, dem Pfarrer ihrer Gemeinde, ein größeres Krankenhaus in einer größeren Stadt zu erreichen. Vielleicht konnte man Habila dort behandeln? Ein Krankenwagen stand nicht zur Verfügung. Aber Habila musste sofort dorthin gebracht werden; sie durften nicht noch mehr Zeit verlieren.

Da es keine bessere Transportmöglichkeit gab, verfrachtete Vivian sich selbst und ihren verletzten Mann in das klapprige Auto einer Freundin. Bis zum Bezirkskrankenhaus waren es vier Stunden auf einer holperigen Straße und als sie endlich dort angekommen waren, wurde Habila noch einmal an andere Spezialisten weiterverwiesen. Diesmal war das Ziel die Universitätsklinik von Jos. Man versicherte Vivian, dass es dort Ärzte gab, die wissen würden, was man tun konnte.

Also noch eine nervenaufreibende Fahrt. Vivian erinnert sich noch genau, dass Habilas Verband inzwischen blutdurchtränkt war. „Wir hielten bei jedem Krankenhaus am Weg und man sah nach der Wunde und erneuerte den Verband. Es hörte einfach nicht auf zu bluten. Ich war außer mir vor Sorge."

Eine ganze Nacht und ein ganzer Tag waren seit dem Schuss vergangen, bevor Habila endlich in der Obhut der Universitätsärzte in Jos ankam. Dass er noch am Leben war, erschien auch diesen wie ein Wunder.

Habilas Zustand war kritisch. Er hatte viele Wochen im Krankenhaus vor sich. Ich frage ihn, woran er sich aus dieser Zeit erinnert. Sofort erzählt er von dem Schlauch für die künstliche Ernährung, den man ihm gelegt hat. „Der war schrecklich. Er tat sehr weh. Mindestens einen Monat lang konnte ich kaum sprechen oder schlucken, weil mir das Ding in der Kehle steckte."

In den ersten Tagen haderte Habila in seinem Krankenhausbett mit Gott. „Warum hatte er mich überleben lassen – in diesem entsetzlichen Zustand? Ich konnte mir nicht vorstellen, wie die Dinge sich je wieder zum Besseren wenden sollten." Habila betete viel. Schließlich wuchs in ihm die Überzeugung, dass es einen guten Grund dafür geben musste, dass sein Leben bewahrt worden war. Er beschloss, die Situation, in der er sich befand, anzunehmen. Das war der Moment, in dem sich ein innerer Schalter umlegte: Er begann, darum zu kämpfen, wieder zu Kräften zu kommen. Sechs Wochen lang war er im Krankenhaus. Vivian wich nicht von seiner Seite; den ganzen Tag saß sie an seinem Bett. „Wir konnten

27

zwar kaum ein Wort miteinander wechseln", erinnert sie sich, „aber wir haben viel zusammen gebetet. Wir waren ganz und gar überzeugt, dass nur Gott uns aus unserer schrecklichen Lage heraushelfen konnte."

Wunder aller Wunder – Habila schaffte es schließlich, dank der außergewöhnlich guten medizinischen Versorgung und der Macht inniger Gebete. Gegen jede Vorhersage der Ärzte heilte sein Gesicht fast vollständig. Die klaffende Wunde schloss sich nach und nach. Jetzt, anderthalb Jahre später, erinnert nur noch eine große Narbe am rechten Unterkiefer an den Angriff. Seine Mimik beim Reden ist ein wenig schief, denn auf der rechten Seite sind die Muskeln geschädigt.

Habila ist überzeugt, dass Gott ihm das Leben gerettet hat. „Als ich dort auf dem Fußboden in meinem eigenen Blut lag, habe ich jeden Augenblick damit gerechnet: Wenn ich gleich die Augen öffne, erwartet mich ein Engel, der mich an der Hand nimmt und in den Himmel geleitet. Aber das geschah nicht. Ich blieb am Leben – zu meiner eigenen Überraschung! Zwölf meiner Glaubensbrüder, auf die in derselben Nacht geschossen wurde, haben nicht überlebt. Warum sie sterben mussten, ist mir unerklärlich. Ich bin der Einzige, der überlebt hat, um zu berichten, was geschehen ist. Ich glaube, dass Gott für alles seine guten Gründe hat. Und ich betrachte es als meinen Auftrag, von diesen Ereignissen zu berichten – alle sollen wissen, was in Nigeria geschieht!

Die Christen im Norden erleben eine schreckliche Verfolgungszeit. Ich hätte nie gedacht, dass ich selbst einmal aus eigener Erfahrung Zeuge von so unvorstellbarem

Schrecken werden würde. Es geht zwar über meinen Verstand, aber ich möchte den Beweis erbringen, dass Gott dennoch seine Hand über unsere Kirche hält. Nur durch seine Gnade bin ich noch am Leben."

Keine medizinische Erklärung

Das bewegende Glaubenszeugnis von Habila und Vivian hat mich tief beeindruckt. Aber es lässt mich auch irritiert zurück: Wie soll ich Habilas wundersame Genesung verstehen? Ich bin gespannt, was seine Krankenakte sagt, und frage Habila, ob er für mich einen Kontakt zu seinen Ärzten im Universitätskrankenhaus von Jos herstellen kann. Noch am selben Tag gelingt es mir, Dr. Ben zu erreichen. Er ist Spezialist für die schwierigsten Fälle von plastischer Gesichtschirurgie. Dr. Ben ist sofort bereit, sich trotz seiner vielen Verpflichtungen Zeit für mich zu nehmen, als er hört, dass es mir um Habilas Fall geht. Noch am selben Abend soll ich ihn aufsuchen. Was ich von ihm höre, ist allerdings nicht die medizinische Darstellung von Habilas erstaunlicher Genesung. Ich erfahre vielmehr etliche weitere unerklärliche Einzelheiten.

Ich frage Dr. Ben, ob er sich noch erinnern kann, was er zuerst gedacht hat, als er diese Kopfwunde gesehen hat. „Ich habe schon viele schwere Kopfverletzungen gesehen, aber Habilas Fall werde ich nie vergessen. Als er auf meiner Station eingeliefert wurde, war er offensichtlich in einem sehr ernsten Zustand. Er hatte eine beträchtliche offene Wunde am Kopf, die seit mehr als vierundzwanzig Stunden nicht anständig versorgt worden war. Ich muss Ihnen ehrlich sagen: Auf den ersten Blick hatte ich nicht viel Hoffnung. Nach meiner Einschätzung konnte dieser Mann nicht überleben. Dann kam die erste große Überraschung: Der Blutdruck war stabil und fast normal! Medizinisch gesehen ist das unmöglich – er hatte vierundzwanzig Stunden lang aus einer sehr großen Wunde geblutet. Die Fakten ergaben keinen Sinn."

Dr. Ben hat über zwanzig Jahre Erfahrung in seinem Metier. Er beschreibt die vielen Opfer schwerer Verkehrsunfälle, die er behandelt hat. Was ihn sehr umtreibt, ist die Tatsache, dass er seit 2010 immer öfter Menschen auf dem OP-Tisch liegen hat, die Opfer von Boko Haram geworden sind. Seit dem Aufstieg von Boko Haram im Norden hat sich die Anzahl der OPs in seiner Abteilung mehr als verdreifacht. Um mir zu verdeutlichen, wie kompliziert die Fälle sind, die er operiert hat, zeigt er mir auf seinem Tablet Fotos von unterschiedlichen Stadien einer Gesichtsrekonstruktion. Dr. Ben hat in seinem Leben wirklich schon viel gesehen. Aber selbst nach seinen Maßstäben ist Habilas Fall außergewöhnlich. Neben der erstaunlichen Tatsache, dass sein Blutdruck stabil war, gibt es noch weitere Fakten, für die er keine Erklärung hat.

„In der Vorbereitung auf die OP habe ich versucht, die Flugbahn der Kugel zu rekonstruieren. Das Geschoss war auf der linken Nasenseite in den Schädel eingedrungen. Es hat die rechte Wange zerfetzt und den Kieferknochen und Teile des Wangenknochens zerschmettert. Wie es aussieht, hat die Kugel eine ungewöhnliche Flugbahn genommen. Es wäre eigentlich zu erwarten, dass sie am Hinterkopf ausgetreten wäre."

Dr. Ben war entschlossen, die Sache nicht auf sich beruhen zu lassen, sondern eine zufriedenstellende Erklärung für seine Beobachtung zu finden. Nachdem er die CT-Aufnahmen wieder und wieder betrachtet und ausgewertet hatte, beschloss er, einen Waffenexperten der nigerianischen Armee zu konsultieren. Nach ausführlichem Studium der Unterlagen und Aufnahmen kam aber auch der zu dem Schluss: „Die Flugbahn hat nicht den normalen Verlauf genommen." Seine abschließende Frage an Dr. Ben war sogar gewesen, ob der Patient vielleicht unter dem Schutz eines besonders mächtigen okkulten Mediums stand. Eine andere Erklärung dafür, warum die Kugel in Habilas Kopf um fast 90 Grad von ihrer Bahn abgewichen war, hatte er nicht.

Auch die Operation, die Dr. Ben für Habila plante, verlief anders als erwartet. Kurz vor dem festgesetzten Termin stellten die Pflegekräfte, die für den Verbandswechsel zuständig waren, fest, dass ein Großteil der zerschmetterten Knochen bereits von selbst zusammengewachsen war. Dr. Ben war perplex. Er hatte vorgehabt, Gewebe aus Habilas Bein ins Gesicht zu verpflanzen. „Ich hatte den künstlichen Kieferknochen für eine plastische Gesichtskorrektur bereits angefordert. Aber – wunderbarerweise – verlief Habilas Genesung spontan." Immer noch auf der Suche nach einer medizinischen Erklärung, stellte Dr. Ben Habilas Fall auf einer medizinischen Fachkonferenz in Europa vor. „Keiner der anwesenden Spezialisten konnte sich aufgrund der medizinischen Daten erklären, wie dieser Mann gesund geworden war. Es war ihnen schon unverständlich genug, dass er überhaupt überlebt hatte. Aber ich habe den Beweis ja mit eigenen Augen gesehen."

Ich frage Dr. Ben nach seiner eigenen Interpretation dieses Falles. Er muss nicht lange überlegen. „Für mich ist das ein Wunder Gottes. Medizinisch kann ich es nicht anders erklären."

Ein brüllender Löwe

Der brutale Angriff auf Habilas Leben war leider kein Einzelfall. Bereits seit 2009 wird Nigerias Norden von Boko-Haram-Kämpfern heimgesucht, die Tod und Zerstörung unter der Bevölkerung bringen, alles im Namen Allahs. Ausgestattet mit einem hochmodernen Waffenarsenal – niemand scheint zu wissen, wer diese Technologie finanziert –, morden und plündern sie nach Belieben in den drei Bundesstaaten Borno, Adamawa und Yobe. In Letzterem liegt Potiskum. Verlässliche Quellen sprechen inzwischen von 20 000 Morden seit 2009. Amnesty International veröffentlichte im April 2015 einen ausführlichen Bericht, der 5 500 Mordfälle allein für das Jahr 2014 und die ersten drei Monate 2015 dokumentiert. Diese Zahl kann nur als ungefähres Minimum gelten: Keineswegs alle Todesfälle werden offiziell registriert.

Im Mai 2013 erklärte der damalige Präsident Goodluck Jonathan den Notstand für die nördlichen Bundesstaaten Nigerias. Aber in vielen Fällen ist die nationale Armee nur ein hilfloser Zuschauer – die veraltete Ausrüstung ihrer Soldaten kann einfach gegen die überlegene Technik der Boko-Haram-Kämpfer nichts ausrichten. Die einheimische Bevölkerung fühlt sich von der eigenen Regierung im Stich gelassen. Wer, so flehen sie, verteidigt noch das Recht, wenn Männer, Frauen und Kinder erbarmungslos abgeschlachtet werden?

Boko Haram nimmt vor allem Kirchen, Schulen und

Polizeistationen ins Visier. Die Bewegung hat allem, was nicht mit islamistischen Vorstellungen konform geht, den Kampf angesagt – vor allem der „westlichen" Bildung, aber ebenso allen als „ausländisch" verstandenen Religionen und kulturellen Einflüssen. Es ist reine Ironie, dass die Boko-Haram-Kämpfer selbst oft Analphabeten sind und auch die „erlaubten" islamischen Sprachen nicht beherrschen. Abubakar Shekau, der seit 2009 als offizieller Anführer von Boko Haram gilt, hat in einer Videobotschaft seine Ziele sehr klar benannt: die Einführung der Scharia – des islamischen Rechts – und die Gründung eines afrikanischen Kalifats (das wurde dann im August 2015 verkündet[1]). Alles und jeder, der diesem Ziel widerspricht, muss physisch beseitigt werden. In einem Kalifat ist kein Platz für die Kirche.

Es bleibt ein Rätsel, wie Menschen Mordkampagnen dieses Ausmaßes an ihren Landsleuten verüben und straffrei davonkommen können. Es wäre zu kurz gedacht, wenn man die Motive für dieses Schlachten nur der Religion zuschreibt. Weitere konkrete Faktoren spielen eine Rolle. Zum einen gehört der Norden zu den ärmsten Regionen Nigerias: Hier gibt es nicht nur die höchste Arbeitslosigkeit, sondern auch die höchste Analphabetenrate und der Süden hat bisher wenig getan, um diese Situation zu verbessern. Das ist fruchtbarer Boden für extremistische Ideologien. Boko Haram hat sich diese Bedingungen sehr geschickt zunutze gemacht: Angesichts

---

[1] Laut www.zeit-online.de vom 15.9.2015. Im März 2015 leistete Abubakar Shekau angeblich den Treueeid auf den IS.

einer nicht gerade scharfen Konkurrenz an Arbeitgebern vor Ort legen sie es darauf an, als attraktive Karrierechance zu gelten, indem sie ihre Fußtruppen anständig bezahlen.

Ich beginne mich zu fragen, wie die Kirche in einem solchen Strudel von Unrecht und Aggression überleben kann. Diese Frage stelle ich auch Pastor Awayi, dem Gemeindepastor von Habila und Vivian aus Potiskum. „Manchmal komme ich mir vor wie der Kapitän auf einem sinkenden Schiff", gesteht Awayi ein, als ich ihm in Jos gegenübersitze. Seine Kirche in Potiskum ist bereits fünfmal von Boko-Haram-Brandstiftern angesteckt und völlig zerstört worden. Selbst nach all diesen Vorfällen trifft sich die Gemeinde – oder was von ihr noch übrig ist – weiterhin treu Sonntag für Sonntag in der Ruine und feiert ihren Gottesdienst auf dem blanken Zementboden. Ein paar Plastikplanen, die man aufgespannt hat, spenden wenigstens ein bisschen Schatten.

Bevor wir tiefer ins Gespräch einsteigen, möchte Awayi mir etwas zeigen. „Sehen Sie", sagt er und zieht ein paar Bogen Papier aus der Tasche. Ohne ein weiteres Wort legt er sie auf den Tisch. *Liste der Mordopfer, alles durch Boko-Haram-Überfälle* sind die Blätter überschrieben. Sie verzeichnen systematisch alle Gemeindeglieder, die Awayi durch Terrorakte verloren hat. Bei jedem Namen sind Todestag und Todesort vermerkt. Eine weitere Spalte *Bemerkungen* wiederholt ein einziges Wort in fetten Buchstaben, das mich frösteln lässt: TOT. 83 Namen hat der Pastor in zwei Jahren notiert. Dies geht über mein Fassungsvermögen, mir fehlen die Worte. Mir wird bewusst: Was ich hier sehe, ist die bittere Realität für Christen im Norden Nigerias.

Awayis Finger gleitet an den Namen entlang. „Dies ist Daniel Idi. Er war Vorsitzender im Ältestenrat. Man hat ihn enthauptet." Awayi blättert durch die restlichen Papiere, um den Beweis vorzulegen. Was er hervorzieht, ist ein Foto, das mir das Blut stocken lässt. Er hat es nach der Tat in Daniels Haus aufgenommen: ein Kopf in einer Blutlache neben dem toten Körper. Daniel wurde an Weihnachten 2012 ermordet, einen Monat nach dem Überfall auf Habila. An dem Abend, an dem Daniel ermordet wurde, stürmten die Dschihadisten den Heiligabendgottesdienst, erschossen fünf Christen, darunter einen Angestellten der Gemeinde. Dann setzten die Angreifer das Gebäude in Brand.

Während Awayi weiterspricht, wird deutlich, warum er so entschlossen ist, diese entsetzlichen Fakten weiterzugeben: „Ich möchte das abgrundtiefe Leid dokumentieren, das man meinen Gemeindegliedern zugefügt hat, damit niemand vergisst, was hier geschehen ist. Die Armee ist nicht in der Lage, uns zu verteidigen, und die Polizei nimmt kaum Notiz von uns. Die Geschichte der Kirche in Nordnigeria darf nicht vergessen werden, denn alle diese Menschen haben ihr Blut für die Sache Jesu vergossen."

Pastor Awayi ist ein Mann mit einer Mission. 2012, als die Boko-Haram-Übergriffe auf Christen einen traurigen Höhepunkt erreicht hatten, spürte er Gottes Ruf, Jos zu verlassen und in seinen Geburtsort im Norden Nigerias zurückzukehren. Ein sanftes Lächeln spielt auf seinem

Gesicht, als er beschreibt, wie sein Leben aussah, bevor die Gewalt ausbrach. „Ich war wie Nehemia. Ich lebte ein bequemes, angenehmes Leben am Königshof."

Awayi hat eine beachtliche Predigerkarriere hinter sich: vom Gemeindepastor auf dem Land zum Lehrer an einem Bibelcollege und Koordinator der theologischen Ausbildung in der Provinzhauptstadt Jos. „Aber meine Leute im Norden gingen zugrunde!", fährt er fort. Das Wissen darum ließ ihm keine Ruhe, der Gedanke an das Leid der Christen wollte nicht weichen, bis Awayi daraus schloss, dass Gott ihm etwas sagen wollte. Er hatte den Eindruck, es war Gottes Ruf, zurückzugehen in seine letzte Gemeinde in Potiskum, in die Stadt, mit der ihn seine Familiengeschichte verbindet.

Awayi teilte seiner Frau mit, er habe vor, nach Potiskum zurückzukehren. Sie ließ ihn gehen, wenn auch mit gemischten Gefühlen. Sie waren übereingekommen, dass sie selbst mit den vier Kindern in Jos bleiben würde. Sie ist die Tochter eines Predigers und hatte in den frühen 1990er-Jahren mit angesehen, wie ihr Vater auf seiner Kanzel in Potiskum von einem randalierenden Mob ermordet wurde.

Bei diesem Angriff war auch Awayi verwundet worden; ein Stein hatte ihn am Kopf getroffen. Er zeigt mir die Narbe. Bis zum heutigen Tag hat der Pastor von Zeit zu Zeit heftige, stechende Schmerzen über dem linken Ohr. „Aber", fährt er fort, „diese Erfahrungen haben mich geformt und für die Aufgabe gestählt, die vor mir lag."

Bei seiner Rückkehr in den Bundesstaat Yobe fand

Awayi eine zutiefst verwundete Kirche vor. „Der Teufel ging umher wie ein brüllender Löwe. Viele Kirchen waren von hassbesessenen Muslimen niedergebrannt worden. 85 Prozent der vierhundert Kirchen in Yobe waren zerstört oder wurden nicht mehr genutzt. Die Gemeindeglieder hatte man ermordet oder aus der Gegend vertrieben. Yobe war zu einer Hölle auf Erden geworden. Dschihadisten verfolgten Christen bis in ihre Häuser und brachten sie dort kaltblütig um. Das war ihre Strategie."

Awayi fährt fort: „Boko Haram tut das Äußerste, um die Christen im Norden Nigerias auszulöschen. Wo ihnen das gelingt, übernehmen sie deren Häuser und Grundbesitz. Im mehrheitlich christlichen Süden haben Muslime alle Freiheit, ihren Glauben auszuüben. Aber wir Christen im Norden können uns nicht einmal frei bewegen. Schlimmer noch, wir werden vollständig ausgelöscht, einzig und allein, weil wir Christen sind."

In Potiskum stand es Awayi nicht einmal frei, seinen weißen Klerikerkragen zu tragen. Das Risiko war zu groß – Kirchenvertreter sind das vorrangige Ziel der Islamisten. „Direkt nach meiner Rückkehr 2012 habe ich den Großteil meiner Zeit damit verbracht, Beerdigungen zu halten. Auch viele Pastoren waren ermordet worden und andere Gemeinden baten mich ebenfalls um meine Dienste."

Awayi beschreibt die Auswirkungen dieser Erfahrung. „Ich fragte mich nach dem Grund für diese harte Verfolgung. Bald entdeckte ich, dass die Christen, die noch in der Gegend lebten, das Wort Gottes nicht mehr so gut kannten wie früher. Ich habe es nicht laut gesagt, aber es hat mich nicht überrascht. Unseren Gemeinden fehlte ein klares Ziel. Und das ist der Augenblick, in dem der Feind zuschlägt. Aber ich habe auch positive Auswirkungen der Verfolgung entdeckt. Die, die noch in den Gemeinden waren, lernten neu zu beten. Die Bibel wurde wieder öfter aufgeschlagen. Die zwischenmenschlichen Bindungen wurden enger. Die schlimmen Umstände bewirkten, dass die Christen sich mehr für ihre Mitchristen interessierten und an ihrem Leben Anteil nahmen."

Manchmal sah Awayi sich mit unlösbaren Situationen konfrontiert. Besonders eine Erfahrung wird er nie vergessen. „Ich bekam mitten in der Nacht einen Anruf von einem Gemeindeglied. Etliche junge Familien in einem bestimmten Stadtviertel waren in der Nacht von Boko-Haram-Trupps heimgesucht worden. Die Kämpfer waren von Haus zu Haus gezogen und hatten alle Männer ermordet. Ich kannte sie alle, sie waren ja meine Gemeindeglieder. Die Bitte lautete: Ich sollte kommen und den Witwen einige tröstliche Worte sagen.

Fünf Minuten später klingelte das Telefon noch einmal. Wieder war es jemand aus der Gemeinde mit der Nachricht, dass auf Habila, unseren Jugendleiter, geschossen worden war. Er war schwer am Kopf verletzt und musste rasch in ein Krankenhaus gebracht werden. Und ich wurde gebeten zu helfen.

Das war eine von den schweren Entscheidungen. Wem soll man jetzt zuerst helfen? Wenn man mit so viel Leid auf einmal konfrontiert wird, gerät man sehr ins Fragen, was man am besten tun soll. Was kann man in einer solchen Situation schon sagen? Gibt es dafür überhaupt

Worte? In solchen Zeiten bete ich darum, dass der Geist Gottes mir ein passendes Wort schenkt. Die Menschen sind erschlagen von so viel Leid. Es bricht einem das Herz. Und ich bin ebenso zerbrochen wie sie. So weinen wir einfach gemeinsam."

Ob er selbst keine Angst hat, Opfer eines Überfalls zu werden, frage ich Awayi.

„Ich weiß, dass man mich verfolgen wird", erwidert er. „Aber ich habe eine eigene Strategie entwickelt, um ihnen nicht in die Hände zu fallen. Bisher hat sie sich bewährt. Ich bleibe nie länger als ein paar Tage am selben Ort. Wenn ich die Christen in den umliegenden Dörfern besuche, schlafe ich immer unterwegs in meinem Auto, um sie nicht zu gefährden."

Er habe eine Reihe geheimer Verstecke angelegt, vertraut er mir an, und viele seiner Gemeindeglieder täten das auch. „Manche haben im Wald oder im Garten Gruben ausgehoben, in denen sie sich rasch verstecken können, wenn es gefährlich wird. Ja, es ist traurig, aber so sieht unser Alltag hier aus." Mir fällt sofort das Wort von Jesus im Lukasevangelium ein: *Die Füchse haben ihren Bau, die Vögel ihre Nester, aber der Menschensohn hat keinen Platz, an dem er sich ausruhen kann.*

Viele Christen sind bereits aus den Bundesstaaten im Norden geflohen. Ob man gehen oder lieber bleiben soll, ist eine Frage, die häufig zur Sprache kommt, wenn Awayi seine Besuche macht. Dann geht es letztlich darum, welches Ausmaß an Bedrängnis der Einzelne aushalten kann. Ich frage Awayi, ob er den Christen rät wegzugehen.

„Ich ermutige niemanden wegzugehen", erwidert

er, „und ich sage auch niemandem, er solle bleiben. Es soll jeder an dem Ort sein, an dem er sein soll. Was ich allerdings beobachte: Der Teufel nutzt unsere menschliche Schwäche, um Menschen zu ängstigen. Wenn man gerade einen Überfall überlebt hat, ist die spontane Reaktion die, dass man fliehen möchte. Aber Angst ist ein schlechter Ratgeber.

Ich ermutige die Menschen, im Gebet nach der Führung Gottes zu suchen. Gott spricht nicht durch unsere menschliche Natur; er spricht zu uns im Geist. Ich habe erlebt, dass Familien aus blanker Angst in aller Eile aufgebrochen sind, so getrieben von Panik, dass ältere Leute unterwegs einen Herzinfarkt erlitten haben. War es eine gute Idee, so übereilt zu fliehen? Ich ermutige meine Gemeinden, um ein klares Zeichen von Gott zu bitten, bevor sie ihre Entscheidung treffen. Ich habe volles Verständnis für jeden, der nach reiflicher Überlegung weggeht. Der Teufel läuft umher wie ein brüllender Löwe. Aber ich halte meinen Leuten vor Augen, dass unsere Vollmacht in Christus liegt. Er ist der wahre Löwe."

Der Traum

Am nächsten Tag suchen Habila und ich uns einen Weg durch ein Labyrinth von staubigen Straßen zum Haus von Rebecca. Wir hätten es nie gefunden, wenn Habila nicht per Handy nachgefragt hätte: „Ich stehe hier neben dem Laden mit der roten Fassade, dem, wo es Kekse gibt. Müssen wir hier schon rechts ab oder erst weiter unten, beim Taxistand?"

Habila hat Rebecca schon eine ganze Weile nicht mehr besucht, aber ab und zu ruft er sie an und erkundigt sich, wie es ihr geht. Eigentlich haben sie sich erst im Lauf des letzten Jahres ein wenig näher kennengelernt: wenigstens etwas Positives, das aus einer gemeinsam erlebten Tragödie erwachsen ist.

„Hallo! Hier rüber ... hier bin ich!" In ihren Flipflops kommt Rebecca uns am Rand eines Abwasserkanals mit Riesenschritten entgegen. Sie ist sichtbar begeistert, einen alten Bekannten aus Potiskum wiederzusehen. Auf der Hüfte trägt sie ein Kleinkind, ihre dreijährige Tochter Rachel. Ein strahlender Habila läuft ihnen entgegen. Es fängt an zu regnen.

Seit der fatalen Nacht des 28. November 2012, die nun mehr als anderthalb Jahre hinter ihnen liegt, haben sowohl Habila als auch Rebecca weiter im Süden Zuflucht gesucht, in Jos. Als Habila aus der Klinik entlassen wurde, gab es für ihn und die Familie keinen Zweifel: Nach Hause zurückzukehren war zu gefährlich. Die

Boko-Haram-Kämpfer würden nicht ruhen, bis sie alle ihre Ziele erreicht hatten, so viel war Habila aus all den Signalen, die er wahrnahm, klar geworden. Rebecca war sich ebenfalls nicht sicher, dass sie in Potiskum noch lange am Leben sein würde. Hier in Jos hatte ihr Schwager ein Zimmer für sie besorgt. Das Viertel, in dem sie gelandet ist, ist erbärmlich arm, selbst für nigerianische Verhältnisse. Das kleine Zimmer fasst kaum zwei Personen, aber zumindest hat sie ein Dach über dem Kopf und – nicht zu unterschätzen – sie ist hier sicher, jedenfalls im Moment. Trotz allem, was ihr zugestoßen ist, sieht die 33-Jährige es als Fügung Gottes an, dass sie jetzt hier lebt.

Habila folgt Rebecca dicht an der Lehmwand der Häuser. Er muss über einen mageren Straßenköter steigen, der hier ebenfalls ein wenig Schutz vor dem Regen sucht. Der Hund trottet uns nach, mitten auf dem engen Gehweg, bis unter ein hervorstehendes Wellblechdach. Habila muss findig sein, um nicht völlig durchzuweichen. Unter den Wellblechplatten stehen zwei große gelbe Plastikeimer, um das strömende Wasser aufzufangen; gewandt umgeht er sie.

Ein paar Meter weiter bleibt Rebecca stehen und verschwindet dann durch eine Öffnung in der grauen Lehmwand hinter einem farbigen Vorhang. „Willkommen in meinem neuen Heim!", verkündet sie. Wir setzen uns auf ihr Bett, das an der kahlen Wand steht – das einzige Möbelstück im Raum, wenn man den Fernseher in der Ecke nicht mitzählt. Die kleine Rachel, angesichts der unbekannten Gesichter etwas scheu, versteckt sich unter dem Rock ihrer Mutter.

Eine Nichte von Rebecca, vielleicht neun oder zehn Jahre alt, wird beauftragt, etwas zu trinken zu bringen, und erscheint kurz darauf mit drei Dosen Mangosaft für die Überraschungsgäste. Sogar Strohhalme hat sie dabei. Dann beginnt Rebecca leise zu erzählen. Eine eigenartige, berührende Mischung von Freundlichkeit und tiefem Schmerz liegt in ihrem Gesichtsausdruck. Habila hört konzentriert zu, als Rebecca Erinnerungen an ihren Mann, Ishaku, beschreibt. Habila hat ihn gut gekannt. Beide haben jahrelang gemeinsam die Jugendarbeit in der Gemeinde gemacht. Ishaku hat den kleineren Kindern biblische Geschichten erzählt, während Habila die Teenager unterrichtete.

Ich kann sehen, dass es Rebecca guttut, von alten Erinnerungen zu erzählen und wieder einmal ein bekanntes Gesicht aus früheren Zeiten zu sehen, jemanden, der ihren Mann noch kannte und weiß, was für ein Mensch er war. Sie nimmt ein paar alte Fotos aus einem kleinen Kasten und glättet die Zellophanhüllen ein paarmal. Dies sind kostbare Besitztümer. Eines der Bilder zeigt eine Gruppe junger Männer: die Jugendleiter der Gemeinde in Potiskum. Die Gruppe fühlt sich sichtlich wohl miteinander. „Sehen Sie, das ist Ishaku und hier steht Habila." Rebecca lächelt einen Augenblick lang. Habila sieht auf dem Foto deutlich jünger aus als heute, obwohl das Bild erst wenige Jahre alt ist. Das Foto regt Habila dazu an, ein paar Anekdoten zu erzählen, zum Beispiel die über ein Quiz, das das Leiterteam einmal für die älteren Jugendlichen veranstaltet hat. Sie hatten offensichtlich viel Spaß dabei gehabt, die Jugendlichen aufs Glatteis zu führen!

Nach einem lauten Lachanfall verfallen beide für einen Moment in Schweigen – ein berührendes Eingeständnis, dass sie wissen: Zeiten wie damals kommen nicht wieder. Von ihrem Aussichtspunkt hinter Mamas Rockzipfel aus beobachtet die kleine Rachel die Szene mit einer gewissen Skepsis. Habila fragt sie etwas, aber sie antwortet nicht und drückt nur ihr Kuscheltier fester an sich. Rebecca streicht ihrer Tochter ein paarmal sanft über den Rücken, setzt sich dann aufrecht hin und verknotet ihre Beine zum Schneidersitz. Sie ist im Begriff, uns eine ernsthaftere Geschichte zu erzählen: die Geschichte von dem bemerkenswerten Traum, den ihr Mann Ishaku gehabt hat.

„Eines Morgens wachte Ishaku früher als sonst auf. Ein Traum, den er in der Nacht gehabt hatte, hatte ihn ganz durcheinandergebracht. Darin hatte er sich selbst in einer unüberschaubaren Menschenmenge gesehen. Alle waren in strahlendes Weiß gekleidet. Sie waren unterwegs in eine wunderschöne Stadt und sangen auf dem Weg. Ishaku hatte nie zuvor so herrliche Musik gehört. Dann war da ein Engel, der mitten unter all den Menschen auf meinen Mann zuging und ihn bat, noch ein wenig Geduld zu haben: Bald, sehr bald schon würde der große König ihn empfangen."

Eine Woche später hatte auch Rebecca einen Traum. „Im Schlaf habe ich die Augen geöffnet und plötzlich konnte ich in den Himmel sehen. Ich habe dort so viele Menschen gesehen. Da war eine Schwester aus unserer Gemeinde, die von Boko Haram ermordet worden war, und noch sehr viele andere, die ich aber nicht kannte. Aber ich sah auch, dass ich noch auf der Erde war, während ich in den Himmel schaute. Dann schwebte ein großes Tuch vom Himmel herunter; es war sehr farbenprächtig und mit Goldfäden bestickt. Es fiel ganz sacht über mich wie ein Gewand und hüllte mich ganz ein." Beim Aufwachen fragte Rebecca sich, was sie von dem Traum halten sollte. War es vielleicht eine konkrete Botschaft?

Ishaku und Rebecca sprachen über die Träume und beschlossen, beim nächsten Gebetstreffen davon zu erzählen. „Seit Boko Haram hier stark geworden ist, hatten wir in Potiskum sehr viel mehr gebetet", erklärt Rebecca. „Eine Gruppe aus unserer Gemeinde traf sich jede Woche zum Beten." Rebecca konnte nicht ahnen, dass das Gebetstreffen, bei dem sie und ihr Mann von ihren Träumen erzählten, das letzte war, was sie je gemeinsam besuchen würden.

Fünf Tage später wurde Ishaku nachts in seinem Haus von Boko-Haram-Leuten überfallen. Es war der 28. November 2012, derselbe Abend, an dem sie auch versuchten, Habila zu töten. Rebecca war an diesem Abend mit Rachel zu einer Freundin gegangen, aber eine Nichte war im Haus und wurde Zeugin, wie die Männer von Ishaku verlangten, seinen Glauben zu verleugnen, um sein Leben zu retten. Ishaku weigerte sich. Sie erschossen ihn auf der Stelle, zerrten den Leichnam auf die Straße und verbrannten ihn zusammen mit etlichen weiteren ermordeten Christen aus der Nachbarschaft. Auch Ishakus und Rebeccas Haus zündeten die Mörder an.

Von den wenigen Fotos abgesehen hat Rebecca kein einziges physisches Erinnerungsstück an ihr Leben vor dieser Nacht. Kummer ist auf ihrer Miene zu lesen, aber ich sehe keine Spur von Bitterkeit. „Gott war da", sagt sie in ruhigem, bestimmtem Tonfall. „Ich kann nicht genau erklären, wie, aber ich weiß es zutiefst." War es nicht schwer für sie zu akzeptieren, dass Gott nicht eingegriffen hatte, als ihr Mann seinen Mördern gegenüberstand?

Ihre Antwort kommt ohne Zögern. „Ich habe nie mit Gott gehadert", sagt sie. „Sagt die Bibel uns nicht, dass solche Dinge passieren können?" Trotz allem, was sie durchgemacht hat, blickt Rebecca zuversichtlich in die Zukunft. „Ich erlebe jeden Tag, wie Gott mein Leben lenkt."

Diese Frau hat einen starken Glauben, denke ich. An seinem ernsten Blick sehe ich, dass auch Habila von Rebeccas Worten beeindruckt ist. Rebecca ist nur eine der vielen Witwen aus seiner Gemeinde. Sie stehen mit ihrem Schmerz allein da und müssen weiterleben, obwohl der Tod ihrer Männer sie ohne jede materielle Versorgung zurückgelassen hat.

Als Habila sich verabschiedet und verspricht, in Kontakt zu bleiben, bemerkt Rebecca noch, dass sie das kleine Zimmer zum Ende des Jahres bereits gekündigt hat. „Ich suche nach einer Wohnung mit einem kleinen Grundstück. Es sollte groß genug sein, um hundert Hühner dort zu halten. Ich denke an fünfzig Legehennen und fünfzig Masthühnchen. Das Geld für die Eier und das Fleisch müsste für den Lebensunterhalt von Rachel und mir ausreichen. Der Markt, auf dem ich Eier und Fleisch verkaufen kann, ist nicht weit weg. Ich weiß, dass Gott für uns sorgen wird. Ich habe ihm immer vertraut."

Der Verräter

In dieser Nacht liege ich lange wach. Rebeccas Geschichte geht mir nicht aus dem Kopf. Wie brutal dieser Mord war. Wer verübte solche schrecklichen Taten? Mein Interesse daran herauszufinden, was das für Leute sind, die sich Boko Haram anschließen, wuchs. Was veranlasst sie zu diesem Schritt? Bereits seit einiger Zeit hatte ich überlegt, ob ich mit Unterstützern von Boko Haram Kontakt aufnehmen sollte. Bevor ich nach Afrika reiste, hatte ich versucht, Boko-Haram-Anhänger in den Niederlanden ausfindig zu machen. Ich hatte nigerianische Organisationen angeschrieben und gefragt, ob sie mir Kontakte zu jemandem aus der Bewegung vermitteln könnten. Die Antworten waren enttäuschend: „Boko Haram hat keine offizielle Niederlassung oder offizielle Sprecher; auch wir hier haben keinen Kontakt zu der Bewegung." Oder: „Wir sehen nur die dramatischen Konsequenzen von Boko-Haram-Aktionen; die Organisation selbst ist unsichtbar."

Zu dem Zeitpunkt, als ich nach Nigeria kam, war dies der Stand der Dinge. Aber ich wollte meine Bemühungen noch nicht aufgeben. Denn ein Bericht, der nur die Aussagen von Opfern enthielte, würde mir unvollständig erscheinen. Ich würde, so beschloss ich, wenigstens versuchen, Vertreter von Boko Haram zu treffen. Wenn die Organisation selbst nicht zu packen war, redete ich mir selbst zu, dann doch sicher jemand, der die Gruppierung verlassen hatte. In Jos angekommen, betonte ich in jedem Erkundungsgespräch, dass bei allen Interviews selbstverständlich die Anonymität der Gesprächspartner gewahrt bliebe. Das rief gelegentlich ein müdes Lächeln hervor, aber ein paar Vertreter unterschiedlicher Organisationen versprachen mir, ihr Bestes zu tun – wohl eine reine Höflichkeitsfloskel. Ich musste noch auf einem anderen Weg versuchen voranzukommen, sagte ich mir, und beschloss, zuerst mit den Opfern zu sprechen.

Nach dem Frühstück war es Zeit für einen weiteren Besuch bei Habila. Mein Taxifahrer hätte mich inzwischen mit verbundenen Augen hinfahren können, so häufig war ich bereits in diesem Haus gewesen. Eine Frage brannte mir noch unter den Nägeln, die ich Habila bisher nicht gestellt hatte: Hatte er je den Wunsch verspürt, den Mann, der in jener Novembernacht 2012 auf ihn geschossen hatte, ausfindig zu machen?

„Sie waren maskiert", erklärt Habila. „Man konnte also nicht erkennen, mit wem wir es zu tun hatten. Aber es waren offensichtlich junge Männer und einige sprachen mit einem leichten Akzent, waren also wahrscheinlich aus dem Ausland. Aber das galt nicht für alle." Er habe nie nachgeforscht, wer diese Männer waren, erklärt er, und er hält es auch für unnötig. „Ich empfinde keinen Hass für diese Jungs von Boko Haram, auch wenn sie mein Leben zerstört haben und das von vielen anderen aus meiner Gemeinde ebenfalls. Was ich empfinde, ist eher eine tiefe Traurigkeit für sie, eine Art Mitgefühl vielleicht."

Vivian, die sich inzwischen zu uns gesellt hat, mischt

sich jetzt mit einem weiteren Detail ins Gespräch ein. Einer der Boko-Haram-Kämpfer hat ihr in der Nacht des Überfalls einen deutlichen Hinweis gegeben. „Diese Schuhe haben uns zu eurem Haus geführt", hatte er gesagt und auf ein Paar Sandalen gewiesen. Vivian war schockiert gewesen, denn sie hatte sofort erkannt, dass die fraglichen Schuhe einem jungen Mann aus ihrer eigenen Gemeinde gehörten. Er war unverheiratet, wohnte in der Nachbarschaft und war recht labil.

„Ich weiß genau, dass er es gewesen ist", erzählt Vivian, „denn ich habe ihn gut gekannt. Nach diesem Abend ist er verschwunden und seitdem gibt es von ihm keine Spur. Vielleicht schämt er sich zu sehr und wagt es nicht, sich in Potiskum sehen zu lassen. Er hat immerhin den Mord an zwölf Männern auf dem Gewissen."

Nachbarn bestätigen später, was Vivian wahrgenommen hat. Sie haben gesehen, wie der junge Mann aus dem Haus gezerrt und mit vorgehaltener Kalaschnikow gezwungen wurde, die Häuser seiner christlichen Brüder und Schwestern zu verraten. Und das stimmt mit der Bemerkung überein, die einer der Angreifer gemacht hatte. Habila und Vivian wissen also, dass sie von jemandem aus den eigenen Reihen verraten worden sind.

Dieser Gedanke schmerzt umso mehr, als der junge Mann regelmäßig bei ihnen zum Essen eingeladen gewesen war. In unserem Gespräch entsteht ein schmerzerfülltes Schweigen. Ich beginne gerade erst zu erahnen, wie tief die Wunden sind, die dieser Konflikt schlägt. Der Same der Angst wird in enge zwischenmenschliche Beziehungen gesät; Menschen werden gegeneinander ausgespielt. Vertrauen wird von Misstrauen verdrängt. Spaltungen zersetzen ein nachbarschaftliches Miteinander. Wie lange wird es dauern, bis die Parteien den Argwohn gegeneinander überwinden? Eine ganze Generation? Oder sogar zwei?

Ich frage Habila und Vivian, was es für sie bedeutet zu wissen, dass jemand aus ihrer eigenen Gemeinde sie verraten hat. „Man hat ihn ja auch bedroht", sagt Vivian. „Ich habe mich gefragt, was ich an seiner Stelle getan hätte. Er war kein starker Charakter; ich glaube, ihm blieb gar nichts anderes übrig. Und genau deshalb haben die Boko-Haram-Leute ihn sich vermutlich auch ausgesucht."

„Aber", versuche ich es noch einmal mit anderen Worten, „ist das nicht eine sehr bittere Pille?"

Vivian muss einen Augenblick überlegen. „Natürlich, man hat schon schwer zu schlucken. Aber ich habe schon einen Tag nach dem Überfall einen Entschluss gefasst: Ich habe bewusst versucht, diesem jungen Mann zu vergeben. Hätte ich das nicht getan, dann hätte mich mein Leben lang die Bitterkeit zerfressen. Und das wäre eine unerträgliche Last gewesen. Mir war sehr bewusst, dass es keine andere Möglichkeit gab, als ihm zu vergeben – nicht zuletzt auch im eigenen Interesse."

Monate nach seiner Genesung hat Habila ein paarmal versucht, von Jos aus den jungen Mann ausfindig zu machen. Aber das blieb ohne Erfolg. Also lud Habila einen Cousin seines Verräters zu sich ein. „Als er kam", erklärt er, „war er ganz schön nervös; er wusste nicht, was er von dieser Einladung halten sollte. Ich sagte ihm,

ich wolle ihm nur eine Botschaft für seinen Cousin mit-
geben, für den Fall, dass er ihn je wieder zu Gesicht bekommt: Ich habe ihm vergeben, was er getan hat, und ich
hege keinen Groll gegen ihn. Und ich hoffe, dass er den
Weg zurück zu Gott findet."

Habilas Einstellung zum Leben hat sich seit seiner Genesung sehr verändert, berichtet er. „Ich habe beschlossen, dass ich mich von jetzt an auf die Dinge konzent-
riere, auf die es wirklich ankommt. In gewissem Sinn ist
es seit dem 28. November 2012 leichter geworden, das
zu beurteilen: Alles, was ich bis dahin für eine Sicherheit
gehalten hatte, war mir aus den Händen geschlagen worden. Das Land, das mein Vater mir hinterlassen hatte, besaß ich nicht mehr. Auch mein Haus nicht. Und einen Job
ebenfalls nicht."

Habila und Vivian haben all ihren irdischen Besitz in
Potiskum zurückgelassen, um ihren Sohn David in Sicherheit zu bringen, nach Jos. Für Boko-Haram-Leute, erklärt
Habila mir, ist es eine Frage der Ehre, dass sie zu Ende
bringen, was sie angefangen haben. „Wenn sie Wind davon bekommen, dass ich noch am Leben bin, werden sie
tun, was in ihrer Macht steht, um mich aufzuspüren und
mir den Schuss zu verpassen, der mich dann wirklich um-
bringt. Wir sind jetzt etwas länger als ein Jahr hier und
haben versucht, so unauffällig wie möglich hier zu leben.
Gute Freunde wissen, wo sie uns finden können. Wenn
sonst jemand anruft und mich fragt, wo ich bin, sage ich,
ich sei in Abuja oder in Lagos. Man weiß nie, wer am
anderen Ende noch mithört. Aber ich habe keine Angst
vor dem Tod." Habila hält inne und sein konzentrierter

Blick scheint nach innen zu gehen. „Eigentlich bin ich schon tot. Lesen Sie Paulus, er sagt das auch von sich, im Galaterbrief. Christus ist es, der in uns lebt. Und das ist auch meine eigene Erfahrung. In der Taufe sterben wir uns selbst und werden mit Christus auferweckt."

„Ich habe dem Tod ins Auge gesehen und gespürt, wie es ist, wenn das Leben am seidenen Faden hängt", fügt Habila hinzu. „Ich hatte jegliche Macht über mein eigenes Leben verloren. Ich habe eine ganze Nacht in meinem Wohnzimmer auf dem Fußboden gelegen, ohne dass jemand zu Hilfe kam. Ich hatte keine Kontrolle darüber, was geschah. Ich war überzeugt, ich würde sterben – aber Gott hatte entschieden, mir das Leben noch einmal zu schenken. Ich verstehe sehr genau, dass mein Leben in seinen Händen liegt. Und deshalb kann ich ohne Angst leben; wenn meine Zeit gekommen ist, werde ich gehen. Das muss Gott entscheiden. Bis dahin versuche ich, seine Liebe weiterzugeben, auch an die Menschen, die Gott hassen. ‚Liebt eure Feinde', heißt es im Wort Gottes. Das können wir uns nicht aussuchen; es ist ein Muss."

Eine Gemeinde voller Freude

Der Sonntagmorgen kommt und ich werde vom Aufprall eines Fußballs neben dem Fenster meines Zimmers geweckt. Es ist gerade erst sieben und die Sonne geht eben auf. Eine große Schar stimmgewaltiger Kinder flitzt auf einem staubigen kleinen Fußballplatz hinter dem Ball her. Wie viel Freude und Energie in den kleinen Kerlen steckt! Ich bin zwar nicht gerade ein Fußballfan, aber ich kann den Blick kaum von ihnen abwenden. Jetzt erkenne ich auch ein paar Erwachsene mitten in der Kinderschar. Sie beweisen außergewöhnliches Geschick mit dem Ball; die jüngeren Spieler sind offensichtlich sehr beeindruckt.

An einer Seite des Spielfelds hebt sich das grüne Blattwerk einiger großer Palmen gut vor der roten Erde ab. Von allen Seiten werden die Spieler von Zuschauern jeden Alters kräftig angefeuert. Jung und Alt bejubelt und beklatscht jeden Ballwechsel. Diese unbändige Energie ist ein weiteres typisches Element des Lebens in Nigeria.

Ich habe vor, mit Habila und Vivian zum Gottesdienst zu gehen. In der kleinen Kirche sitzen die Männer rechts, die Frauen mit den kleinen Kindern links vom Mittelgang.

Ich setze mich in eine der hinteren Reihen hinter die Frauen in ihren bunt gemusterten Baumwollkleidern und stelle fest, dass ich mich in diesem Farbenmeer recht düster ausnehmen muss. Allerdings ist mein Gesicht das einzige weiße im Raum. Ein paar Grundschulkinder sehen mich an, als sei ich gerade vom Himmel gefallen. Was wohl in ihnen vorgeht? Nach dem Gottesdienst versuche ich, ein Gespräch mit den Kindern anzufangen, aber sie können nur kichern.

Die Lobpreisband hat sich vorn auf der Bühne schon in Schweiß gespielt. Die knisternden Lautsprecher bewältigen die Lautstärke kaum, zu der Schlagzeuger und Bassist sich jetzt gesteigert haben. Junge Mütter, die ihre Babys in einem Tuch auf dem Rücken tragen, beginnen, im Rhythmus leicht die Hüften zu wiegen; ältere Ladys schließen sich an. Die Kleinen schlafen ungeachtet der lauten Klänge; sie sind daran gewöhnt. Ein paar Babys, die nicht schlafen, haben ihren Spaß daran, mit ihren Händen zu spielen. Die ganze Szene wirkt glücklich und ganz selbstverständlich.

Dann wird die Kollekte eingesammelt. Man reicht keine Beutel oder Behältnisse durch die Reihen. Stattdessen wird vorn ein großer Korb aufgestellt. Der Älteste, der den Gottesdienst leitet, lädt die Gottesdienstteilnehmer nachdrücklich ein, „mit Freuden ihr Opfer" nach vorn zu bringen. Augenblicklich beginnt die Spendenprozession. Im Rhythmus der Musik schwingt die lange Schlange der Gottesdienstbesucher, die sich im Mittelgang gebildet hat, hin und her. Jeder bringt einen Beitrag nach vorn, manche machen ein paar Tanzschritte, wenn sie ihre Münzen einwerfen. In dieser Gemeinde weiß man, was es heißt, ein freudiges Opfer zu bringen.

Auf dem Weg zum Gottesdienst hatte ich Habila gegenüber einige Bedenken geäußert. Ist es nicht sehr riskant, wenn er seine persönliche Geschichte im Gottesdienst bekannt gab? Eine Kirche ist ein öffentlicher Ort und man weiß nie, wer da alles in den Bänken sitzt.

Habilas mutige Antwort kommt prompt. „Nur durch die Gnade Gottes bin ich noch am Leben. Viele meiner Freunde aus der Gemeinde wurden von Boko Haram ermordet. Ich möchte die Zeit, die mir noch bleibt, möglichst gut nutzen. Warum sollte ich mir also Sorgen über Dinge machen, die in Gottes Hand stehen? Ich könnte ja doch nichts ändern. Und vor allem möchte ich die Liebe Gottes weitergeben, damit mehr Menschen Jesus folgen."

Die Musikgruppe spielt noch einen Refrain und dann geht Habila nach vorn und beginnt seine Predigt. Der Text stammt aus dem Johannesevangelium, Kapitel 16: *Es wird so weit kommen, dass man meint, Gott einen Dienst zu erweisen, wenn man euch tötet. Zu alldem werden Menschen fähig sein, weil sie meinen Vater und mich nicht kennen.* Habila nimmt kein Blatt vor den Mund. Er ist kein Mann, der um den heißen Brei herumredet. Ich kann spüren, dass dieser Bibeltext in der Gemeinde auf Resonanz stößt. Erst vor ein paar Monaten hatte Boko Haram in einem mehrheitlich christlichen Viertel in Jos einen Bombenanschlag verübt. Es hatte Dutzende Tote gegeben. Die Kirchenbesucher hier kennen das Leiden nicht nur in der Theorie; sie haben es in der Praxis durchbuchstabiert.

Als Habila seine persönliche Geschichte zu erzählen beginnt und beschreibt, wie er einen Mordanschlag durch Boko Haram überlebte, wird es mucksmäuschenstill im Raum. Der Kontrast zur ersten Viertelstunde des Gottesdienstes voller Energie und Überschwang ist deut-

lich. Habilas schlichter, aber eindrucksvoller Bericht berührt die Zuhörer spürbar. Er legt ihnen ans Herz, Mei-
nungsverschiedenheiten zu bereinigen und jeden Tag so
zu leben, als wäre es der letzte: „Wir müssen jederzeit
bereit sein, uns von diesem Leben zu verabschieden und
Gott zu begegnen." Nun könnte man eine Stecknadel fallen hören.

Als die Predigt zu Ende ist, kommen sechs Gemeindeglieder nach vorn, um ihre Sünden zu bekennen, auch
Dinge wie Schlägereien und sogar Ehebruch. Sie scheuen
nicht davor zurück, so öffentlich in Einzelheiten zu gehen. Tränen und Gebete folgen.

Mit einem letzten Gesang endet der Gottesdienst. Die
Musiker gehen wieder auf volle Lautstärke und die Babys
in der Bank vor mir fangen an zu schreien. Die Schlicht-
heit dieses Gottesdienstes hat mich beeindruckt; ebenso,
wie eng in dieser Gemeinde Freude und Leid beieinan-
derliegen. Vor Gott wie ein kleines Kind zu sein bedeutet auch das Wagnis, so verletzlich zu sein wie ein Kind.
Eines steht allerdings fest: Die Menschen, die ich an diesem Morgen in der Kirche getroffen habe, haben nicht
die Absicht, ihr Leben durch Anfeindungen von außen
zum Stillstand bringen zu lassen.

Umar, der ehemalige Boko-Haram-Kämpfer

Meine Suche nach Unterstützern von Boko Haram hat bisher noch kaum Ergebnisse gezeitigt. Nach mehr als einer Woche in Nigeria habe ich nur sehr wenige Hinweise. Ich habe mit Organisationen gesprochen und Menschen kontaktiert, die in Gebieten mit Boko-Haram-Aktivitäten leben, aber das Ergebnis ist fast immer gleich: Jeder kennt Opfer, aber die Mörder sind eine unbekannte Größe. Allmählich beschleichen mich Zweifel. Wie es aussieht, kann ich nur die Hälfte von dem erfahren, was ich für mein Buch haben wollte. Mir ist klar geworden, dass ich nur noch wenige Fäden ziehen kann und völlig abhängig bin vom Entgegenkommen anderer.

Dann, als ich schon darüber nachdenke, wie ich meine Nachforschungen noch anders gestalten kann, gibt es plötzlich gute Nachrichten durch eine E-Mail: Ein ehemaliger Boko-Haram-Kämpfer sei bereit, mit mir zu sprechen. Nach einem Verhör am Vortag gibt der Mann meinem Mittelsmann wiederum über einen Mittelsmann das Startsignal. Man habe sich geeinigt. Ich solle um vier Uhr nachmittags am nächsten Tag kommen, und wir müssen alle vor Einbruch der Dunkelheit wieder fort sein. Ich bin erleichtert, dass meine wochenlangen Vorbereitungen sich schließlich doch noch auszahlen.

Dieses Interview birgt seine eigenen Risiken. Jeder ehemalige Dschihadist, der redet, weiß, dass es die Kugel schon gibt, die seinen Namen trägt. Das hatte man meinem Informanten sehr klargemacht, als er sich sechs Jahre zuvor Boko Haram anschloss. Seither hatte er oft genug mit eigenen Augen gesehen, dass das keine leere Drohung war.

Deswegen ist auf dem Gelände, auf dem unser Treffen am nächsten Tag stattfindet, nichts dem Zufall überlassen. Sicherheitsmaßnahmen ziehen sich über das gesamte Terrain. Erst nach zwei Autoschleusen, vier Funkposten und einem hermetisch abgeriegelten Tor erreiche ich mein Ziel. Ein junger Mann, den ich auf fünfundzwanzig Jahre schätze, sitzt auf einem Holzstuhl mitten in einem ansonsten kahlen Raum. Er wirkt nervös, aber entschlossen. In vollem Bewusstsein des Risikos hat er sich freiwillig entschieden, seine Geschichte zu erzählen.

Ich stelle Blickkontakt her und reiche ihm die Hand. Wir stellen uns einander kurz vor. Er nennt mir seinen Namen: Umar. In den letzten sechs Jahren, so lässt er mich wissen, hat er ein geheimes Leben im innersten Kreis von Boko Haram geführt. „Ich habe Christen ermordet, darunter auch schwangere Frauen und Kinder. Das war mir gleichgültig. Ich war überzeugt, dass ich Allah damit einen Dienst erwies." Er hat eigenhändig mindestens zehn, vielleicht aber auch zwanzig Menschen erschossen: „Irgendwann habe ich aufgehört zu zählen."

Umar starrt bewegungslos vor sich hin, während er spricht. Ist es der Effekt einer streng islamischen Erziehung, wie man sich Frauen gegenüber verhält, oder ist es Scham? Jetzt geht er eher ins Detail und schildert mir sein Doppelleben als Kämpfer bei Boko Haram.

Tagsüber war er bei seinen Eltern zu Hause und kümmerte sich um das Vieh seines Vaters. Für die Schule, von der sein Vater ohnehin nicht viel hielt, gab es kein Geld. Seine Familie gehörte zum streng muslimischen Stamm der Fulani; traditionellerweise sind sie Viehzüchter. Nachts nahm Umar regelmäßig an Überfällen und Massakern teil: „Ich war an sechs größeren Aktionen in Mittel- und Nordnigeria beteiligt."

Wenn ein Dorf oder eine Stadt angegriffen werden sollte, umzingelten mindestens zweihundert Mann den Ort, niemals weniger, um einen Erfolg der Operation sicherzustellen. Sobald der erste Angriff vorüber war, teilte man sich in kleinere Gruppen, die dann jeweils einen bestimmten Sektor des Ortes durchkämmten.

„Keiner meiner Freunde wusste, dass ich ein Dschihadist war", sagt Umar. „Darüber zu sprechen, war uns strengstens verboten. Nur meine Eltern wurden schließlich eingeweiht – durch unseren Mullah. Als sie es erfuhren, meinten sie, es sei ein ehrenhafter Kampf für Allah. Sie waren stolz auf mich und das gab mir ein gutes Gefühl. Schon seit frühester Kindheit hatte mein Vater mich immer mitgenommen in die Moschee unseres Dorfes. Der Islam war das Wichtigste in meinem Leben. Ich betete fünfmal am Tag, immer. Ich lernte die Korantexte auswendig, die man uns in der Moschee vorlegte. Ich war hoch motiviert. Der Mullah mochte mich."

Als er neunzehn war, wurden er und vier weitere Jugendliche aus dem Dorf von seinem Mullah eigenhändig für ein besonderes Trainingslager ausgewählt, das an einem versteckten Ort im Wald lag. „Das Camp war in

Barkin Ladi, einem Distrikt in Zentralnigeria. Insgesamt hundertfünfzig Jungs aus allen Teilen des Landes waren dort. Manche waren schon früher in Dschihad-Trainingslagern in Saudi-Arabien gewesen. Dort hatten sie gelernt, wie man Bomben baut. Vormittags mussten wir den Koran studieren. Das militärische Training fand nachmittags statt. Wir lernten den Umgang mit Kalaschnikows, K-2-Gewehren und Maschinenpistolen. Die Ausbilder waren Leute aus der nigerianischen Armee – man sah es an den Uniformen und sie machten auch kein Geheimnis daraus. Man sagte uns, dass wir keinem Menschen gegenüber jemals erwähnen dürften, dass dieses Trainingslager existiert. Wenn wir es einem Muslim verrieten, war uns eine Strafe von zehntausend Naira (etwa 50 US-Dollar) und hundert Peitschenhieben sicher. Verrieten wir es einem Christen, würden wir auf der Stelle erschossen. Ich habe eine solche Exekution einmal miterlebt. Die Anführer verlangten hundertprozentigen Gehorsam!"

Umar hatte auf seine Vorgesetzten einen guten Eindruck gemacht und wurde nach Abschluss des Camps als Anführer eines zwölf Mann starken Trupps eingesetzt. „Wir hatten den Auftrag, so viele Christen wie möglich aufzuspüren und umzubringen. Wir gingen von Haus zu Haus. Wir gingen systematisch vor: Zunächst stellten wir fest, ob keiner der Männer bei der nigerianischen Armee oder beim staatlichen Sicherheitsdienst war. Wenn wir uns versichert hatten, dass das nicht der Fall war, folgte die Befragung. Jeder, der sich als Christ bezeichnete, erhielt dreimal die Chance, zum Islam zu konvertieren. Wer sich weigerte, bekam eine Kugel durch den Kopf."

Umar ist stolz darauf, dass er nie zu Alkohol oder Drogen gegriffen hat, um diese Überfälle durchzustehen. „Viele von den Jungs nahmen dieses Zeug, aber ich habe immer abgelehnt. Ich wollte ein guter Muslim sein." In diesen Jahren, so sagt er, sei er völlig gefühllos gewesen. „Ich empfand gar nichts, wenn ich abdrückte. Ich kämpfte für die Sache Allahs, für eine gerechte Sache. Der Islam war die überlegene Religion."

Aber in den letzten Monaten hatte sein Gewissen ihn schließlich geplagt. „Ich begann mich zu fragen: ‚Wird diese Religion mich wirklich in den Himmel bringen?' Ich war von all dem Hass so angewidert. Eine ganze Reihe meiner Boko-Haram-Freunde waren schon umgekommen. Wann würde es mich treffen?" Umar beschlichen erste Zweifel, ob das, was er tat, tatsächlich richtig war.

Schon seit einiger Zeit hatte er begonnen, die wenigen christlichen Familien in seinem Dorf zu beobachten. „Ich konnte mir keinen Reim darauf machen, wie diese Leute ihren Feinden so einfach vergeben konnten. Es waren gute Menschen, friedfertige Menschen. Je mehr ich von ihrem Leben mitbekam, umso mehr verabscheute ich mein eigenes."

Erst sieben Wochen vor unserem Treffen hatte Umar den Rubikon überschritten: Er hatte sich von seinem alten Leben losgesagt. Durch den Freund eines Freundes war er in Kontakt zu einem Mann aus der christlichen Gemeinde gekommen, der ihm half, den christlichen Glauben zu verstehen. „Ich bin kein Muslim mehr. Ich schäme mich, wenn ich auf mein altes Leben zurückblicke", sagt er. Bereits früher hatte er seiner Frau angedeutet, dass er möglicherweise dem Islam den Rücken kehren würde, und sie hatte deutlich gemacht, dass das ihre Ehe auf der Stelle beenden würde. Umar wusste, was das hieß. Er ging sofort in den Untergrund. „Ich bin vor Boko Haram und auch vor meiner eigenen Familie geflohen. Nicht einmal meine Frau weiß, wo ich mich aufhalte. Wenn sie mich finden, werden sie sich rächen. Ihnen zu sagen, was ich jetzt mache, wäre lebensgefährlich."

Plötzlich betreten zwei Sicherheitsleute den Raum. Das Gespräch muss sehr plötzlich abgebrochen werden, weil es schon dämmrig wird. In meinem Kopf schwirren noch zahllose Fragen, aber die Zeit für unsere Begegnung ist vorbei. Noch ein hastiges Foto, dann ist er verschwunden.

Vivian und Habila mit ihren Kindern David und Gladys.

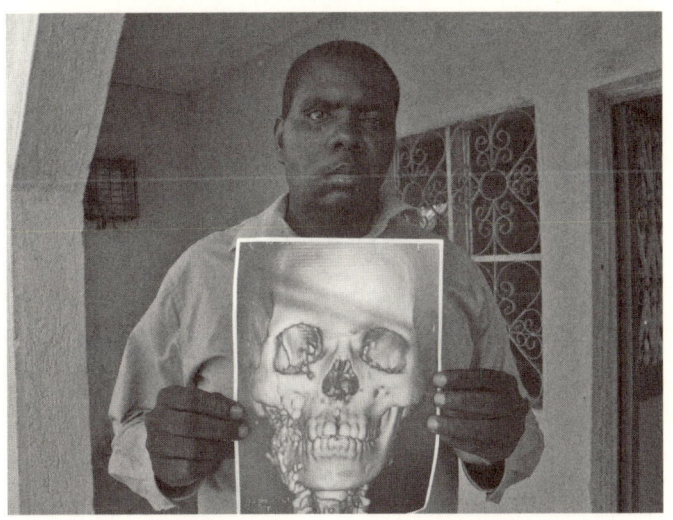

Das CT von Habilas Schädel zeigt die Zerstörung seines rechten Kiefers durch die Schüsse aus dem automatischen Gewehr, die aus nächster Nähe auf ihn abgefeuert wurden.

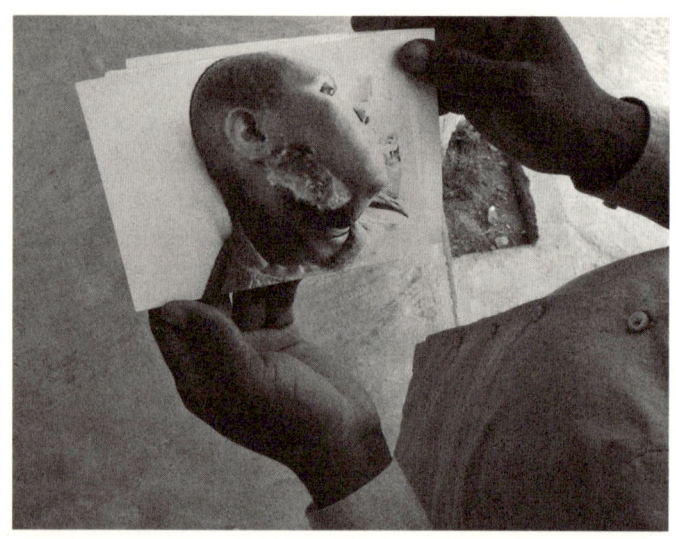

Habila mit einem Foto, das die klaffende Wunde zeigt.

„Medizinisch kann ich seine Heilung nicht erklären", sagt Dr. Ben (rechts), der Spezialist, der Habilas Gesicht behandelte.

„Manchmal fühle ich mich wie der Kapitän auf einem sinkenden Schiff", erklärt Pastor Awayi. Seine Kirche wurde fünf Mal bis auf die Grundmauern niedergebrannt. Viele seiner Gemeindeglieder wurden brutal ermordet.

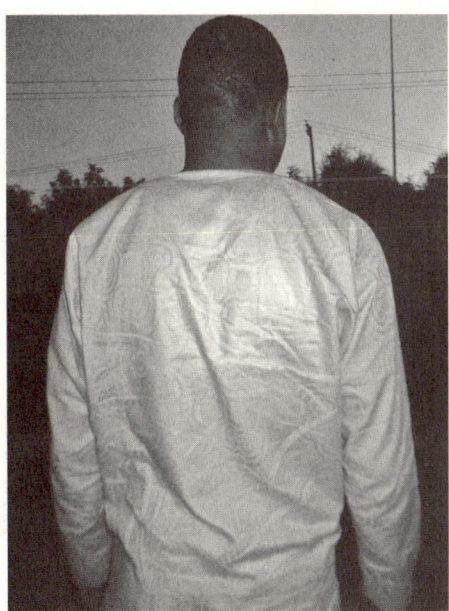

Nach einer „Karriere" als Kämpfer bei Boko Haram verließ Umar die Terrormiliz und tauchte unter.

„Ich vertraue Gott!" Das ist Rebeccas Bekenntnis. Nachdem ihr Mann durch Boko Haram ermordet worden war, floh sie mit ihrer Tochter Rachel nach Jos.

Einsamkeit

„Guten Tag", strahlt Pastor Awayi mich an. Er hat mich bereits erwartet. „Darf ich noch ein paar Worte mit Ihnen wechseln, bevor Sie nach Holland zurückkehren?" Es ist fast Abend und mein Kopf schaltet auf Automatik. Das Gespräch mit dem ehemaligen Boko-Haram-Kämpfer lässt mich noch nicht los, und ich hatte gerade gedacht, es wäre jetzt schön, in meinem Zimmer ein wenig Musik zu hören und abzuschalten.

Aber wenn dann jemand auftaucht und einen sprechen möchte, hat das natürlich Priorität – ganz besonders in Afrika. Also beschließe ich, dass die Musik noch etwas warten muss. Wir schnappen uns jeder einen Stuhl und suchen uns ein schattiges Plätzchen unter einem großen Baum.

„Sie wissen ja", beginnt Awayi, „wir haben über die Probleme gesprochen, die Boko Haram in meiner Kirche verursacht. Aber eigentlich frage ich mich, ob das wirklich unser größtes Problem ist. Die Kirche ist tief gespalten. Es gibt keine sichtbare Einheit im Leib Christi in Nigeria. Darüber bin ich immer wieder bestürzt. Manchmal ist das für mich ein größerer Kummer als die Bedrohung durch Boko Haram. Wussten Sie, dass es in Nigeria Gemeinden gibt, deren Pastoren es fertigbringen, Spenden zu sammeln, damit sie sich ein *Privatflugzeug* leisten können? Natürlich wickeln sie ihre Gemeinden ein, indem sie ihnen vormachen, das sei notwendig, um das Evangelium zu verbreiten."

Ich frage Awayi, wie viele Pastoren er persönlich kennt, die in einem eigenen Privatflugzeug unterwegs sind, und er nennt mir die Namen von drei „erfolgreichen" Pastoren im Süden des Landes. Sie sind Vertreter des Wohlstandsevangeliums. „Ihre Kirchen sind Kathedralen", fährt Awayi fort. „Während so viele Nigerianer kaum wissen, wie sie über die Runden kommen sollen, schwelgen diese Prediger im Luxus. Die Kirche haben sie zu ihrem Geschäft gemacht. Die Größe der Kirche und die Wagenklasse, in der der Pastor durch die Gegend fährt, dienen heute als Maßstab dafür, wie erfolgreich eine Gemeinde ist. Wie können wir denn gute Zeugen für Christus sein, wenn wir so weitermachen? Die Einheit, von der Jesus im Evangelium spricht, ist nirgends zu sehen. Jeder bringt seine eigenen Kirchenschäfchen ins Trockene, so gut er kann. Als ob es darum ginge!", schließt er mit vernehmbarem Abscheu.

Unwillkürlich muss ich an das Schild einer Gemeinde denken, das wir heute irgendwann gesehen haben: „Kirche der Zeichen und Wunder" stand auf einem der funkelnden Schilder, an denen wir vorbeifuhren. Im Auto grinsten wir nur angesichts des wie aus dem Ei gepellten Paares, das in Lebensgröße von dem Schild herablächelte. Mr Pastor trug einen eng sitzenden Anzug mit blitzblanken Schuhen, in denen man sein eigenes Spiegelbild sehen konnte; Mrs Pastor trug einen klassischen langen Mantel und turmhohe Absätze zur Schau. Als wären sie in dieser Aufmachung der beste Beweis in Person, dass die „Zeichen und Wunder" des Allmächtigen zu Diensten standen ...

„Wenn es in Nigeria so reiche Gemeinden gibt", frage ich vorsichtig, „warum rühren sie keinen Finger, um der verfolgten Kirche im Norden zu helfen?" Da habe ich wohl in ein Wespennest gestochen. Die Spaltungen, erklärt Awayi, sind nicht nur eine Folge mangelnder Einheit zwischen den verschiedenen Konfessionen; auch die zerbrochenen Beziehungen zwischen einzelnen Stämmen und Einkommensgruppen im Land spielen dabei eine Rolle. Die Folge ist, dass die Christen im Süden Nigerias bestenfalls überhaupt irgendetwas davon wissen, was sich im Norden abspielt, und schlimmstenfalls alldem gleichgültig gegenüberstehen.

Diese Diagnose bestätigt sich in vielen anderen Gesprächen, die ich mit Nigerianern führe. „So viele Tote gibt es im Norden? Ich hatte keine Ahnung, dass es so schlimm ist …", sagt mir eine Geschäftsfrau in Lagos, die ganz sicher kein schlichtes Gemüt ist. „Ab und zu liest man in den Zeitungen mal was über Boko Haram, aber was Sie mir berichtet haben, ist etwas, wovon ich nichts wusste. Es wird im Gottesdienst bei uns nie erwähnt … Vielleicht sollte der Norden ein eigener Staat werden? Die Muslime sind da sowieso in der Mehrheit. Wir wären die Probleme los und sie hätten ein eigenes Territorium."

„Und die Christen dort?", wende ich ein. Die Frage überfordert die Dame; sie weiß nicht, was sie sagen soll. „Tja, vielleicht könnten die von dort fortziehen …", murmelt sie.

Awayi vertraut mir an, wie einsam er sich gelegentlich fühlt. Die Gewalt und der Terror, die seine und viele andere christliche Gemeinden im Norden erleben, sind mehr, als er ertragen kann. Und die Verantwortung lastet schwer auf seinen Schultern. Allerdings hat er kaum Zeit, seinen Gefühlen viel Beachtung zu schenken. Täglich erreichen ihn neue Hilferufe. Awayi treibt die Frage fast zur Verzweiflung, wie er den Dutzenden von Witwen in seiner Gemeinde am besten helfen kann. „Viele dieser Frauen haben nicht nur den Ehemann verloren. Über Nacht müssen sie jetzt auch die Familie ernähren." Eine Witwenrente gibt es in Nigeria nicht. Die Not ist am größten, wenn eine Frau zur Witwe gemacht wird, die viele kleine Kinder hat.

Awayi erzählt mir Alishas Geschichte. Seit ihr Mann ermordet wurde, steht sie vor der fast unmöglichen Aufgabe, genug Geld zu verdienen, um ihre sieben Kinder zu ernähren. Geld, um sie zur Schule zu schicken, war nur für einige da, und selbst die hat sie inzwischen wieder abmelden müssen. Alle Hände werden gebraucht, um die Kekse zu backen, die sie auf dem Markt verkauft. Es ist jeden Tag ein neuer Kampf, ob sie genug Geld einnimmt, um acht Teller zu füllen. Und sehr oft ist das nicht der Fall. Sie braucht ganz offensichtlich Unterstützung – aber woher soll die kommen? Alishas Situation ist nur eine von zahllosen diakonischen Aufgaben, die Awayi im Kopf und im Herzen trägt.

Er schweigt einen Moment, bevor er fortfährt: „Ich habe lange und tief darüber nachgedacht, warum Gott all diese Gewalt zulässt. Ich habe noch keine klare Antwort. Boko Haram reißt die Wände unserer Kirchen ein, die Tore unserer Häuser werden in Asche gelegt und meine Gemeindeglieder werden ermordet oder vertrieben. Wer noch bleibt, geht jeden Abend zu Bett, ohne zu wissen, ob er am Morgen noch lebendig aufwacht. So unsicher ist das Leben hier für uns geworden. Manchmal glaube ich, das ist erst der Anfang. Vielleicht muss noch viel mehr in diesem Land zugrunde gehen, bevor wir bereit sind, in Nigeria das Evangelium wieder in ganzem Umfang zu verkünden …"

Alles, was Awayi in Nigeria beobachtet, lässt ihn häufig über alttestamentliche Texte nachdenken. Noch einmal erwähnt er den Propheten Nehemia, dem er sich verbunden fühlt: „So wie Nehemia das Volk dazu aufrief, die Stadtmauer neu zu erbauen, so muss auch die Mauer der Kirche in Nordost-Nigeria neu erbaut werden, verstärkt, Stein um Stein. Unsere Liebe zu Gott und zueinander muss wieder im Vordergrund stehen. Das ganze Gemeindeleben braucht eine gründliche Erneuerung. Das kann nur geschehen, wenn die Kirche in Nordnigeria entschiedene Jünger Jesu hervorbringt, die sich im Wort Gottes auskennen und die selbst angesichts von Verfolgung die Ärmel aufkrempeln und gemeinsam am Reich Gottes bauen, fest gegründet auf Jesus, der unser unverrückbarer Fels ist."

Drei Jahre bei Boko Haram

„Angst und Zwietracht säen – das ist die entscheidende Waffe von Boko Haram. Sie zerstören unsere Gemeinschaft. Die Menschen wagen es kaum noch, einander zu vertrauen." Diese Worte eines nigerianischen Christen, der viele Opfer der Gewalt unterstützt hat, gehen mir nicht aus dem Kopf. Je länger ich darüber nachdenke, umso überzeugter bin ich, dass sie einen wahren Kern enthalten. Die extrem brutalen Morde, die Boko Haram begeht, sind entsetzlich genug; aber die unsichtbaren Wunden, die sie dem Netz der Verbundenheit in einer Gemeinschaft zufügen, sind noch weitaus größer. Wenn Menschen einander nur noch misstrauen oder sogar dahin kommen, dass sie sich hassen, hat das viel weitreichendere Konsequenzen. Das sind Wunden, die Jahre brauchen, um zu heilen, vielleicht auch ein ganzes Leben. Später am Tag werde ich einem Mann begegnen, der dafür ein besonders trauriges Beispiel ist.

Ja, ein zweiter ehemaliger Boko-Haram-Kämpfer ist bereit, mit mir zu reden. Die Nachricht, dass er seine Lebensgeschichte erzählen möchte, hat mich auf indirektem Weg erreicht. Es ist wirklich ein seltener, guter „Zufall", dass wir nun einen zweiten Augenzeugenbericht über das Leben bei Boko Haram bekommen werden, der das Gesamtbild abrunden kann.

Habila will mich unbedingt begleiten. Bevor wir uns auf den Weg machen, gibt man uns zu verstehen, dass

Vorsicht angebracht ist. Auch dieser Gesprächspartner ist jemand, dessen Leben in Gefahr geraten könnte, wenn die falschen Leute herausfinden, dass es ihn noch gibt.

Da wir im Vorfeld kaum Informationen bekommen haben, können wir uns nicht genau vorstellen, was wir von dieser Begegnung erwarten sollen. Habila ist angespannt. Es ist auch für ihn erst das zweite Mal, dass er ein direktes Gespräch mit einem ehemaligen Boko-Haram-Kämpfer führt. Die brennende Frage, auf die wir beide eine Antwort suchen, ist: Wie kam es dazu, dass der Mann sich mit einer so extremistischen Bewegung eingelassen hat, die bedenkenlos jeden ermordet, der andere Überzeugungen hat als sie selbst? Was war es, das ihn an Boko Haram anfänglich angezogen hat?

Habila trägt heute seine traditionelle weiße Hemdtunika. Am Morgen hat er sich noch mehr Zeit als sonst zum Beten genommen. Wir steigen in ein Taxi, und als wir die Adresse erreichen, die man uns genannt hat, erwartet uns ein unsicherer junger Mann neben den eisernen Toren eines Hotels. Er kann kaum über dreißig sein. Nichts an seinem Erscheinungsbild weist auf brutale Gewalttätigkeit hin. Eigentlich sieht er eher aus wie ein Traum-Schwiegersohn: gepflegtes Haar, sehr gut gekleidet. Er wirkt nervös, und als er uns die Hand gibt, schaut er sich unruhig um. Unablässig beobachtet er die Umgebung, ob sich dort irgendetwas Auffälliges zeigt.

Nachdem er uns begrüßt hat, geht er uns voran durch das Eisentor. Im weitläufigen Garten des Hotels suchen wir uns ein ruhiges Fleckchen, wo wir uns setzen können.

Der Mann stellt sich selbst als Bahdri vor. Ihm liegt

daran, Habila, einem Landsmann, den er mittlerweile als Bruder ansieht, von seinem Leben zu berichten. Bahdri, der ausgezeichnet Englisch spricht, erwähnt, dass er Christ geworden ist. Was genau ihn dazu veranlasst hat, uns seine Geschichte zu erzählen, führt er nicht aus. Später haben wir den Eindruck, dass der Schmerz, den er mit sich herumträgt, einfach zu groß ist, als dass er ihn allein tragen kann. Schon die einfachste Frage, die wir stellen, scheint zu wirken, wie wenn man den Deckel von einem alten Dampfkochtopf hebt: ein gewaltiger Wortschwall ergießt sich über uns. Bahdris Worte zeugen von einer tiefen inneren Qual, die man fast körperlich spüren kann.

„Es war eine Falle. Jemand, von dem ich dachte, ich könnte ihm vertrauen, hat mich verraten. Er brachte mich in ein geheimes Trainingslager von Boko Haram im Norden des Landes. Ich musste Menschen töten, wenn ich selbst am Leben bleiben wollte. Hätte ich mich geweigert, hätten sie mich umgebracht. Es war töten oder getötet werden. Am Ende habe ich Menschen abgeschlachtet wie Hühner."

Drei Jahre hat Bahdri bei den Boko-Haram-Terroristen verbracht. Aus allem, was er berichtet, wird deutlich, dass man ihn dort einer Art Gehirnwäsche unterzogen hat. Die unglaubliche Brutalität, in der er sich gefangen sah, hat in seinem Leben unauslöschliche Spuren hinterlassen. Er hatte, so sagt er selbst, in dieser Zeit sich selbst völlig verloren. „Ich war wie ein wildes Tier; ich konnte nur noch auf Befehl handeln. Ich konnte nicht mehr selbstständig denken und meine Gefühle waren völlig taub. Die Menschen schrien und flehten mich an: ‚Bitte,

lass mich am Leben!' Aber ich habe einfach weiterge-
macht. Männer, Frauen, Kinder – es gab für mich keinen
Unterschied. Jeder, der ins Zielfernrohr meines Gewehrs
geriet, war verloren. Sie waren schließlich Christen. Man
musste sie loswerden. Das hatte man uns jedenfalls bei-
gebracht."

Bahdri hatte einen strengen Islam bereits mit der Mut-
termilch aufgesaugt. Sein Vater war in der muslimischen
Gemeinde ein einflussreicher Mann. Bahdri wuchs mit
der tiefen Überzeugung auf, dass der Islam die einzig
wahre Religion ist. Von frühester Kindheit an wurde ihm
eingetrichtert, dass die Christen einem falschen Glauben anhingen. In seiner ganzen Jugend hat Bahdri von
keinem Menschen je etwas anderes gehört. „Zu Weihnachten kamen einmal christliche Nachbarn zu uns und
brachten uns ein paar Weihnachtsleckereien. Wir haben
sie höflich angenommen, aber mein Vater bestand später darauf, dass wir alles durch die Toilette wegspülten.
‚Muslime sind besser', hat er gesagt. ‚Wir essen keinen
einzigen Bissen, der von Christen zubereitet wurde.'"

Seinen Vater beschreibt Bahdri als eine Führungsper-
sönlichkeit mit sehr hohen Idealen. Ihm ging es darum,
junge Menschen dazu zu befähigen, den „wahren Islam"
zu verbreiten. „Ich war bereits in der Mittelschule", berichtet er, „als in unserem Bundesstaat Spannungen zwischen Christen und Muslimen aufkamen. Ziemlich rasch
trieb man dann eine beträchtliche Anzahl junger Muslime aus dem Tschad auf, die über die Grenze kamen,
um sich an den Christen zu rächen. Muslimische Jugendliche zogen mit Waffen und Knüppeln durch die Straßen.

Mein älterer Bruder war auch dabei. Einige Polizeibeamte wurden getötet. Auch Christen wurden ermordet, so viel weiß ich noch, und eine Kirche wurde zerstört.

Später war mein Vater der Meinung, ich sollte die Bewegung leiten. Ich war sein Augapfel. ‚Der Islam ist die Wahrheit. Christen sind Ungläubige‘, das sollte ich mir immer vor Augen halten, sagte er. Ich habe ihm geglaubt. Natürlich. Schließlich war ich sein Sohn. Und woher hätte ich es auch besser wissen können? Wir kamen ja nie in Kontakt mit Christen.“

Bahdri spricht jetzt davon, wie tief verwurzelt der Hass gegen jeden, der nicht Muslim war, damals in ihm gewesen sei. „Schon als Teenager habe ich beschlossen, keinem Christen mehr die Hand zu geben. Ich wollte nichts mit dem Christentum zu tun haben. Es war schließlich eine Lügenreligion.“

Bahdri fiel das Lernen leicht und er immatrikulierte sich an einer Universität für das Jurastudium. Er lernte andere Studenten kennen. Mit einer Gruppe von jungen Männern beschloss er, freitags nach dem Moscheegebet mit einem großen Megafon durch die Straßen zu ziehen und den „wahren Islam“ zu predigen. Nicht selten führte das zu Unruhen und Krawallen. „Manchmal packte mich sogar Zorn auf meine muslimischen Brüder, wenn sie unsere Religion nicht ebenso ernst nahmen wie ich. Ich dachte damals, wir Fulanis sollten allen ein Vorbild sein.“

In seinem ersten Jahr am College geschah noch etwas: Bahdri lernte einen christlichen Mitstudenten kennen; sie teilten nämlich das Zimmer. „Keines der Vorurteile gegenüber Christen, mit denen ich groß geworden war, traf auf ihn zu. Das hat mich nachdenklich gemacht." Zwischen den beiden jungen Männern entwickelte sich sogar eine enge Verbundenheit. Sie schrieben ihre Seminararbeiten gemeinsam und diskutierten auch über ihre religiösen Überzeugungen. Nach außen hin vertrat Bahdri weiterhin die Meinung, der Islam sei der einzig richtige Weg. Aber innerlich plagten ihn heftige Zweifel. Er entdeckte, wie viele ansprechende Züge der christliche Glaube besaß.

Dann hatte er einen Traum, der ihn beunruhigte. „Ich sah einen ganz in Weiß gekleideten Mann, der zu mir sagte: ‚Verlass den Weg, dem du jetzt folgst.' Drei Nächte hintereinander hatte ich immer genau den gleichen Traum. Es warf mich völlig aus der Bahn. Was konnte dieser Traum bedeuten?" In seiner Ratlosigkeit erzählte er seinen Eltern den Traum. Sie rieten ihm, oft in die Moschee zu gehen und viel zu beten. Man gab ihm sogar Wasser zu trinken, in das Koranverse eingetaucht worden waren. Anscheinend nützte das wenig. „Wenig später hatte ich einen schlimmen Albtraum: Ich wurde von wilden Tieren verfolgt, die mich in Stücke reißen wollten. Ich hatte keine Ahnung, was ich mit diesen Träumen anfangen sollte. Sie trieben mich zur Verzweiflung und ich wurde depressiv."

Da alle anderen Ratschläge ihm nicht geholfen hatten, beschloss Bahdri, seinem Zimmerkollegen von seinen Träumen zu erzählen. Der hörte aufmerksam zu und schlug dann vor, dass Bahdri sich mit dem Pastor seiner christlichen Gemeinde treffen sollte. „Im Schutz der Dunkelheit bin ich hingegangen, damit es geheim blieb. Es

war nicht ungefährlich. Wenn meine Familie davon erfuhr … Ich erzählte dem Pastor meine Träume. Er sagte,
es könne sein, dass Jesus selbst durch diese Träume zu mir
sprach, um mich zu warnen. Ich war perplex: Wie konnte
ein toter Prophet im Traum zu mir sprechen? Trotzdem
bat ich um ein weiteres Gespräch. Das führte dann dazu,
dass ich drei Wochen lang jeden Abend zu diesem Pastor
ging. Wir sprachen eingehend über den christlichen Glauben und über die Bibel. Am Ende war ich überzeugt, dass
die Bibel das Wort Gottes ist. Ich wurde Christ und ließ
mich heimlich taufen."

Für Bahdri bedeuten seine Konversion und seine Taufe
einen Wendepunkt in seinem Leben. Aber der äußere Verlauf dieses Lebens sollte bald eine noch dramatischere
Wendung nehmen.

Bittere Tränen

Bahdri hat eine Lebensgeschichte, wie die meisten Menschen sie sich nur schwer vorstellen können. Mehr als einmal hat er sich an Orten wiedergefunden, die er keineswegs selbst gewählt hätte. Genau im falschen Moment war die Weiche umgestellt worden und der Zug donnerte weiter. Bahdris Geschichte macht schmerzhaft deutlich, dass in unserem Leben Mächte am Werk sein können, auf die wir nicht den geringsten Einfluss haben.

An Bahdris Händen klebt Blut. Aber ich kann in diesem Moment nicht anders, als mich zu fragen: Hätte ich an seiner Stelle anders gehandelt? Da bin ich keineswegs sicher. Es ist leicht, aus der Distanz über Boko Haram zu urteilen. Aber hier sitzt mir ein lebendiger Mensch in seiner ganzen Verletzlichkeit gegenüber.

Bahdri wählt seine Worte sehr sorgsam. Immer wieder unterbrechen tiefe Seufzer seinen Bericht. Man hat den Eindruck, als laufe vor seinem inneren Auge der Film seines Lebens noch einmal ab.

Zu Beginn erzählte Bahdri seiner Familie kein Wort über seine Konversion. Dann kam ein jüngerer Bruder einmal zu Besuch in sein Studentenzimmer und entdeckte eine Bibel. Die Dinge gerieten aus dem Ruder. Die Familie erfuhr von seinem Glaubenswechsel und Bahdri geriet in Panik. Er suchte den Rat seines Pastors und auch der war der Meinung, er müsse fliehen. Bahdri kannte seine Familie gut genug, um zu wissen: Sie würden sich nie damit abfinden, dass er sich vom Islam abgewandt hatte. Der Pastor besorgte ihm in einer anderen Stadt einen Ort, an dem er erst einmal untertauchen konnte. Dort besuchte Bahdri einen Glaubenskurs, um sich mit dem christlichen Glauben besser vertraut zu machen.

Einige Monate später tauchten zwei seiner Brüder auf der Straße auf und nahmen ihn in die Mangel. „Sie fragten: ‚Bist du Christ geworden?' Ich leugnete es nicht. Das werde Konsequenzen haben, drohten sie." Unter Gewaltandrohung nahmen seine Brüder ihn mit. Bahdri machte sich keine Illusionen darüber, in was für einer Situation er war.

Die ganze Familie war in seinem Elternhaus versammelt. Man stieß Bahdri in die Mitte des Kreises. „Alle waren da: mein Vater, meine Mutter, Brüder, Schwestern, Cousins. Mein Vater nahm die Dinge in die Hand. Er fragte mich, ob es wahr sei, dass ich Christ geworden war."

Bahdri entschied sich, die Sache kurz zu machen, und bekannte öffentlich, dass das der Fall war. Es war, als hätte man eine Bombe gezündet. „Ich saß auf dem Fußboden in der Mitte zwischen meinen Verwandten und sie stritten heftig darüber, welche Strafe mich treffen und ob ich überhaupt am Leben bleiben sollte."

Nach einer hitzigen Debatte verkündete sein Vater für alle hörbar das Urteil: Falls sein Sohn bei seiner Entscheidung blieb, sollte er sterben. Seine Mutter brach in Tränen aus und bat um Milde. Bahdris Schwester, die Juristin war, setzte sich dafür ein, dass man ihm die vorgeschriebene Bedenkzeit gewähren sollte.

Dieser Vorschlag fand schließlich Zustimmung. Bahdri erhielt zwei Wochen Zeit, Vernunft anzunehmen und seinem neuen Glauben abzuschwören. Sein Vater schloss ihn eigenhändig im Keller ein. Er erhielt kaum genug zu trinken und fast nichts zu essen. Dann half eine jüngere Schwester ihm zu fliehen. „Ich weiß nur noch, dass ich rannte, rannte, rannte – ich rannte fort von zu Hause, so weit fort, wie ich nur konnte."

Nach Stunden der Flucht beschloss er, in einer Kirche Schutz zu suchen. Aber seiner Beteuerung, dass er Christ sei und in Lebensgefahr schwebe, glaubte niemand. Eine zweite und auch eine dritte Gemeinde verschlossen ihm ihre Türen. Niemand glaubte, dass er ein Bruder im Glauben sein konnte. „Ich habe die typischen Gesichtszüge der Fulani", erklärt Bahdri. „Und in Nigeria weiß jeder, dass die Fulani Muslime sind."

Schließlich traf Bahdri einen Mann, der ihm vertrauenswürdig vorkam. Der bot ihm an, Bahdri könne erst einmal ein paar Tage bei ihm wohnen. „Aber wohin hat er mich gebracht? Auf ein umzäuntes offenes Gelände, auf dem ein paar verstreute Gebäude standen. Als ich fragte, wo wir seien, antwortete er nur: ‚Keine Sorge, wirst du schon sehen.'" Bald wurde die entsetzliche Wahrheit klar: Er war in eine Falle getappt. Er befand sich in einem Trainingslager von Boko Haram!

Auf dem Gelände hielten sich jede Menge junger Männer zwischen fünfzehn und fünfundzwanzig auf. Bahdri schätzte, dass mehr als hundert Männer hier zusammen waren. Sie kamen nicht nur als Nigeria, sondern auch aus dem Tschad und aus dem Niger. Es herrschte ein strenges Regiment. „Die Atmosphäre war schrecklich. Wieder nichts als Hass, Hass, Hass ...“ Die Kämpfer mussten jeden Vormittag Koranverse rezitieren.

Bahdri greift sich mit beiden Händen an die Brust, um zu unterstreichen, was für fanatische Ideologen die Koranlehrer waren. „Diese Männer gingen ganz in ihrem Glauben auf. Aber ihr Glaube war der einzige, den es geben durfte. Das war meine frühere Umgebung, das Umfeld, von dem ich mich entfernt hatte.“

Fragen oder Erwiderungen wurden nicht geduldet. Es war verboten, das Camp zu verlassen. Kontakt zur Außenwelt war unmöglich. Jeden Nachmittag stand die militärische Ausbildung auf dem Programm. Die jungen Männer erhielten Uniformen und Stiefel und jeden Tag gab es Schießübungen. „Wer das Ziel traf, war der Favorit des Tages. Es gab Applaus und Extrarationen beim Essen.“

Das Training wurde ideologisch unterfüttert: „,Schaut euch doch an, was die Amerikaner machen und die Israelis‘, sagte man uns. ,Sie hetzen die Christen gegen uns auf und rüsten sie mit allem aus, was sie brauchen, um gegen uns zu kämpfen. Wir spielen einfach nur dasselbe Spiel.‘“

Anfangs war Bahdri im Camp verzweifelt und zutiefst unglücklich. Er wollte um keinen Preis hier sein, aber an Entkommen war nicht zu denken. Doch als die Zeit verging, packten ihn Zweifel. War es wirklich klug gewesen, Christ zu werden? Hatte er sich richtig entschieden? Er fragte sich, warum der Gott der Bibel nichts tat, um ihn aus diesem elenden Lager herauszuholen. Vielleicht war auf Jesus ja doch kein Verlass? Schließlich hatte er

Bahdri offensichtlich nicht davor bewahren wollen, hier zu enden. Oder er hatte es nicht gekonnt ...

Inzwischen war Bahdri ein guter Schütze geworden. Eine Feuerwaffe in der Hand war für ihn der reinste Kraftschub; er fühlte sich dann wichtig und bedeutend. Nach drei Monaten sagte man den jungen Männern, der Tag sei gekommen, ihre tödlichen Fertigkeiten in der wirklichen Welt zu vervollkommnen. Man verlud sie auf Lastwagen und fuhr sie an einen Ort, den Bahdri als „tiefen, dunklen Wald" beschreibt. Später fand er heraus, dass sie in Sambisa waren, einem abgelegenen Winkel im Nordosten Nigerias.

Gleich nach der Ankunft erhielten sie ihre Befehle. Jeder Christ, auf den sie stießen, war auf der Stelle umzubringen. Christen waren Schweine; sie waren keine Menschen. Die Miliz begann das Pogrom in den umliegenden Dörfern. Anfangs suchte Bahdri nach Wegen, sich möglichst aus dem Blutvergießen herauszuhalten. Aber der Druck durch die anderen war hoch und letzten Endes konnte niemand es vermeiden mitzumachen. Er musste anfangen, ebenfalls abzudrücken.

Er wollte nicht töten, aber er war dazu gezwungen. „Niemand von uns wollte es tun", sagt er. „Wenn wir ein Haus überfielen und es umzingelten, wurde immer im Voraus festgelegt, wer schießen musste. Keiner von uns machte das gern."

Die Kämpfer entwickelten ein System der „gerechten Lastenverteilung", um sicherzustellen, dass niemand mehr Menschen töten musste als der andere.

Was für eine Ironie, muss ich denken: Sie bewahrten

untereinander einen Sinn für Fairness angesichts einer Situation, die an Ungerechtigkeit und Willkür anderen Menschen gegenüber nicht zu überbieten war.

In den Tagen, bevor wieder ein Überfall stattfinden sollte, stachelten die Kommandeure im Lager ihre Truppen zum Töten auf, indem sie die Essensrationen klein hielten.

„Wenn wir hungrig waren, sagten sie, sollten wir eben noch ein bisschen zusätzliche Beute machen: Lebensmittel oder Dinge, die sich verkaufen ließen. Ich hatte keine Wahl. Wenn ich überleben wollte, musste ich essen. Und das hieß: Ich musste töten. Sich zu weigern, war keine Option. Wer sich den Regeln im Lager widersetzte, bekam eine Kugel in den Kopf. Mehr als einmal habe ich erlebt, dass jemand wegen irgendeiner Regelverletzung von der Lagerleitung erschossen wurde. Es gab für mich nirgends eine Zuflucht und ich musste mitmachen. Aber mit der Zeit gewöhnt man sich daran", fügt er hinzu, fast als wolle er sich rechtfertigen. „Es klingt vielleicht irrsinnig. Aber man kommt an einen Punkt, an dem der Mord an einem Menschen nichts anderes mehr für einen ist, als ob man einem Huhn den Hals umdreht. Für uns war das nicht länger ein Verbrechen."

Die nigerianische Armee bedeutete keine ernsthafte Gefahr für die Boko-Haram-Kämpfer: „Sie hatten viel zu viel Angst vor uns und versteckten sich in irgendeinem Schlupfwinkel, bis wir unsere Operation beendet hatten. Erst wenn wir abzogen, tauchten sie wieder auf", berichtet Bahdri.

Auf Befehl ihrer Anführer ermordeten die Boko-

Haram-Kämpfer unschuldige Menschen, steckten ihre Häuser in Brand, raubten Lebensmittel und andere Güter aus den Dörfern. Als Bahdri sah, wie viele Menschen Boko Haram in diesen entlegenen nigerianischen Dörfern umbrachte, schloss er daraus, dass Allah vielleicht doch auf ihrer Seite war.

Es blieb bei diesen gemischten Gefühlen, sein Glaube an Jesus trat in den Hintergrund. Er war sich sicher, dass es keinen anderen Weg für ihn gab, das Lagerregime zu überleben, als sich an ihrem Tun zu beteiligen.

An diesem Punkt unterbricht Bahdri seine Geschichte und senkt den Kopf. Es fällt ihm sichtlich schwer weiterzusprechen. Mit einem tiefen Seufzer nimmt er seinen Bericht wieder auf; die schwere Last, die er auf den Schultern trägt, kann man fast sehen. „Ich habe viele Menschen getötet. Die genaue Zahl weiß ich nicht. Jedenfalls waren es mindestens acht." Voller Scham weicht er meinem Blick aus, als er das sagt. Ich habe den Eindruck, dass er die wahre Anzahl nicht nennen will, dass er es vielleicht nicht wagt.

Mehr als einmal stießen sie bei ihren Überfällen auf erheblichen Widerstand von Dorfbewohnern. Manchmal schritt auch die Polizei ein. Bahdri wurde Zeuge, wie einige seiner Boko-Haram-Kameraden bei Überfällen ums Leben kamen.

Er hatte jetzt öfters Albträume. Die anderen versicherten ihm, das sei ganz normal und kein Grund zur Sorge. „Aber", fährt er fort, „mich plagte eine entsetzliche Angst und schlimme Befürchtungen. Es war die reinste Qual. Ich geriet in eine Krise. Es gab niemanden, dem ich es hätte erzählen können – auch nur den kleinsten Zweifel an der Mission von Boko Haram zu äußern, hätte mir eine Kugel durch den Kopf eingebracht. Die Anführer im Camp verlangten bedingungslosen Gehorsam. Ich war in der Zwickmühle. Wenn es hart auf hart ging, machte ich mit wie alle anderen. Aber mein Geist fand keine Ruhe mehr.

Immer öfter musste ich an meinen kleinen Bruder denken. Wie oft hatte ich auf ihn achtgegeben, mit ihm gespielt! Wie ich dieses Kind liebte! Und wie lange hatte ich ihn nun schon nicht mehr gesehen! Wie es ihm wohl ging? War er noch am Leben?

Ganz automatisch brachten solche Gedanken auch die Erinnerung daran zurück, dass ich Kinder getötet hatte, die so alt gewesen waren wie mein Bruder. Manchmal konnte ich nichts mehr essen. Ich fühlte mich hundeelend. Von außen merkte man es mir wohl nicht an, aber innerlich hasste ich mich mehr und mehr für die Dinge, die ich getan hatte. Ich hasste das Leben, in dem ich gelandet war. In diesen Tagen fasste ich meinen Entschluss: Wenn es je eine Gelegenheit geben würde, würde ich versuchen zu fliehen. Ich wollte dort raus, dessen war ich mir endlich sicher. Die Frage war nur, wie ich das schaffen konnte."

Im Jahr 2010, als Bahdri bereits drei Jahre bei Boko Haram war, kam ein Tag, an dem die Gewalt sie einholte. Völlig unerwartet stießen die Kämpfer auf Truppen der nigerianischen Armee. Nach heftigen Gefechten gelang es dem Militär, den Angriff von Boko Haram zurückzuschlagen. „Es war furchtbar", erinnert sich Bahdri. „Wohin man sah, lagen Leichen. Ich sehe sie immer noch vor mir. Freunde wurden vor meinen Augen getötet, andere schwer verwundet. Diesmal war die Armee wirklich gut gerüstet. Die Menschen flohen in Panik in alle Richtungen. Überall wurde geschossen; heftige Explosionen umgaben uns von allen Seiten. Es war das reinste Chaos. Und es war der Moment, in dem mir klar wurde, dass dies meine Chance war. Meine Chance wegzukommen, weg von dort, weg von diesem Wahnsinn …"

Es war nicht das erste Mal, dass Bahdri um sein Leben lief. „Ich dachte an nichts anderes mehr. Alles, was ich denken konnte, war: ‚Lauf, lauf, lauf …'"

Er warf seine Waffe in einen Fluss und tauschte die Soldatenstiefel gegen Sandalen, damit man ihn nicht sofort als Boko-Haram-Kämpfer erkannte. Seine einzige Hoffnung setzte er auf die Annahme, dass seine Kameraden ihn einfach als Verlust abschreiben würden. Bis zum Appell war zwar noch Zeit, aber er musste so weit von dem Kampffeld weg sein wie nur möglich, bevor sie seine Spur aufnahmen.

In einem kleinen Dorf klopfte Bahdri an die Kirchentür, um nach dem Weg zu fragen. Der Pastor kam heraus und wollte wissen, wo er herkam und was los sei, und Bahdri brach in Tränen aus. „Das war das Einzige, was ich tun konnte: weinen, weinen, weinen. Ich konnte nicht mehr aufhören. Ich wusste, ich durfte dem Pastor keine ehrliche Antwort geben. Wenn ich gesagt hätte, dass ich mit den Boko-Haram-Leuten gekämpft hatte, hätte er mich dem Militär übergeben. Also sagte ich einfach, ich hätte mich im Wald verlaufen und brauchte Geld für den Bus nach Hause."

Der Pastor war ein freundlicher Mann und gab Bahdri das Fahrgeld. Ein paar Dorfbewohner zeigten ihm den Weg zur Straße, an der der Bus fuhr. Bis dorthin waren es ein paar Tagesmärsche durch dichten Wald.

Bahdri nahm den Bus in die Provinzhauptstadt Yola. Von dort reiste er weiter in die Stadt, in der er gelebt hatte, nachdem er vor seiner Familie geflohen war.

Dort angekommen ging er direkt zu dem Pastor, der ihn als Studenten zum Glauben geführt hatte. „Ich war einfach verschwunden und drei Jahre lang fort gewesen – aber als er mich sah, hat er die Arme ausgebreitet und mich an seine Brust gedrückt. Ich habe meinen Kopf an ihn gelehnt und bittere Tränen geweint. Er hat mir keine Fragen gestellt. Ich konnte nur schluchzen. Schließlich standen auch ihm Tränen in den Augen. Das Gefühl, das mich da überkam, war unbeschreiblich. Ich war überglücklich, ihn wiederzusehen, aber der Schmerz riss mich fast entzwei. Ich war kurz davor, den Verstand zu verlieren."

Der Pastor war mehr schockiert als überrascht, als Bahdri ihm von seiner Zeit bei Boko Haram erzählte. „Dann haben sie dich geschickt, damit du mich umbringst?", fragte er.

Bahdri beteuerte, dass es nicht so sei und dass er selbst dringend Hilfe brauchte. „Ich war völlig außer mir. Wie ein Tier reagierte ich nur noch auf Anweisungen. Ich hatte jeden Sinn für eigene Ziele verloren; ich wusste kaum noch, wer ich bin. Meine Seele steckte in einem Gefängnis", fügt er hinzu.

Der Pastor war erfahren genug, um den Ernst der Situation zu erkennen. Er beriet sich mit einigen Christen, die bei der Polizei waren. Bahdri wurde gründlich untersucht und stand ein paar Tage unter strenger Beobachtung. Aufgrund dessen, was diese Männer sahen und berichteten, und nach reiflicher Überlegung beschloss der Pastor, Bahdri zu vertrauen und ihm zu helfen.

Es wurde keine Anklage erhoben. Vielmehr half der Pastor Bahdri, wieder er selbst zu werden. Die Gemeinde hielt eigens für ihn Gebetstreffen ab und betete inständig für ihn. Dann fragte man ihn, ob er bereit sei, sein Bekenntnis zum christlichen Glauben zu erneuern, und ob er bereute, was er getan hatte. Nach einer nochmaligen Vorbereitungszeit tat er genau das.

Bahdris innere Heilung vollzog sich langsam, war aber von Dauer. „Endlich war ich frei von den geistlichen Fesseln, die mich an Boko Haram gebunden hatten", sagt er.

Seit jenem Tag sind bereits ein paar Jahre vergangen, als er jetzt mit mir spricht. Bahdri arbeitet heute sehr engagiert, um junge Männer zu beraten und zu unterstützen, die einen ähnlichen Hintergrund und ein ähnliches Schicksal haben wie er. Er hält Bibelstunden und ist Mentor für eine Reihe von Jugendlichen.

Noch immer vergeht kein Tag, an dem er nicht doch noch die Vergeltung von Boko Haram fürchten muss. Eine einzige Zufallsbegegnung mit irgendeinem seiner früheren Mitkämpfer könnte fatal sein, denn Boko Haram zu verlassen ist ein Verbrechen, das auf keinen Fall ungesühnt bleiben soll. „Selbst einfach hier die Straße entlangzugehen, ist ein Risiko. Die Angst, dass sie mich kriegen, geht immer mit. Wenn meine Kameraden mich finden, bin ich sicher, dass sie alles tun, um mich zu eliminieren. Deswegen zeige ich mein Gesicht so selten wie möglich. Ich gehe nur vor die Tür, wenn es sich absolut nicht vermeiden lässt, und dann auch nicht am helllichten Tag."

Tragischerweise schlägt Bahdri auch in der christlichen Gemeinde, zu der er inzwischen gehört, viel Misstrauen entgegen. Selbst ein Gottesdienstbesuch ist eine schwierige Sache. „Ich komme vielleicht dreimal im Jahr in die Kirche", erläutert er. Seine Stammeszugehörigkeit lässt sich nicht verbergen. Seine Fulani-Statur verkündet, dass er aus radikalem muslimischen Holz geschnitzt ist. Fulanis sind in der Regel viel zarter gebaut als die Menschen im Süden Nigerias. „Ich muss nur den Fuß in eine Kirche setzen und schon sehe ich die Angst in den Gesichtern. Meist suche ich mir einen Platz in den hinteren Reihen und mache mich nach dem Gottesdienst rasch aus dem Staub. Erst neulich wieder habe ich mitbekommen, wie einige Gottesdienstbesucher den Pfarrer bedrängten und wissen wollten, wie er sich so sicher sein könnte, dass ich keine schlimmen Absichten habe. Vertrauen gibt es nicht."

Bahdri macht eine Pause. „Selbst wenn ich im Gottesdienst sitze, ist mir meine Schuld bewusst. Ich ringe mit meiner Vergangenheit. O Gott, vergib mir! Ich habe die besten Jahre meines Lebens für Boko Haram verschwendet. Ich habe Menschen zum Töten angestiftet und selbst gemordet. Ich schäme mich so sehr für das alles! Ich werde alles tun, was in meiner Macht steht, um die schrecklichen Irrtümer wiedergutzumachen, die ich in meinem Leben begangen habe. Noch immer vergieße ich bittere Tränen über meine Sünden."

Bahdri seufzt und muss schlucken, dann noch einmal. Er versucht tapfer, die Tränen zurückzuhalten. Er schultert die schwere Last seiner Vergangenheit. Aber nun hat er endlich seine Geschichte erzählt. Erst später werde ich entdecken, dass dies erst das zweite Mal ist, dass Bahdri überhaupt den Mut aufgebracht hat, einem Mitchristen die Wahrheit über sein Leben zu erzählen! Die Angst ist noch nicht aus seinem Leben gewichen; noch lange nicht.

Brüder

Habila kommt nicht davon los. Unsere Begegnung mit Bahdri ein paar Tage zuvor hat eine wunde Stelle in ihm berührt, sagt er mir. Er hat sich schon den Kopf darüber zerbrochen, aber er kann noch nicht erfassen, was es ist. War es Bahdris aufrichtiger Schmerz, der ihn angerührt hat? Oder hat Habila einen Teil seines eigenen Lebens in Bahdris Geschichte wiedererkannt? Habila und ich beschließen, dass wir Bahdri noch einmal treffen müssen.

Bahdri könnte ebenso gut einer der Jungen aus seiner Sonntagsschulklasse gewesen sein, sagt Habila ein wenig abwesend. Er muss an seine eigene Kindheit zurückdenken. Er wuchs zwar in einer christlichen Familie auf, aber war er deswegen besser als Bahdri? Wie lange hatte Gott an die Tür seines Herzens geklopft, bevor er sie widerstrebend geöffnet hatte? Diese Überlegung ruft Habila eine einschneidende Erfahrung aus seiner eigenen Teenagerzeit in Erinnerung …

Mit einem Ruck setzte Habila sich im Bett auf. War es ein Traum oder Wirklichkeit? Tränen liefen ihm über die Wangen und er begann laut zu schluchzen. „Was ist denn?", wollte seine Großmutter wissen, die auch aufgewacht war und erschrak, als sie ihn so beunruhigt sah.

„Ich war mitten in einem heftigen Gewitter", gab Habila zur Antwort. „Ich hatte solche Angst! Überall um mich donnerte es, Blitze zuckten auf allen Seiten. Dann schlug einer in die Kirche ein. Es gab einen gewaltigen Schlag und die Wände stürzten ein. Ich konnte gerade noch rechtzeitig hinauslaufen, aber die meisten anderen nicht.

Gerade bevor der Blitz einschlug, hatte sich der Pastor auf der Kanzel schon in Schweiß geredet. Er tat, was er konnte, um die Jugendlichen mit seiner Botschaft zu erreichen, aber ich sah deutlich, dass es sie nicht berührte. Die Predigt kam einfach nicht bei ihnen an. Sie verfolgten alle ihren eigenen Weg. Dann hörte ich eine durchdringende Stimme, die meinen Namen rief – dreimal, wie bei Samuel, als Gott ihn rief: ,Habila!', sagte die Stimme, ,ich sende dich. Du musst es ihnen sagen.'"

Viele Jahre sind seit dieser Nacht vergangen, aber diesen Traum hat Habila nie vergessen. „Es war, als würde Gott mir persönlich sagen, dass ich mich um die jungen Leute in unserer Gemeinde kümmern sollte. Der Pastor konnte sie ganz offensichtlich nicht erreichen. Viele Jugendliche unserer Gemeinde wandten sich von Jesus ab. Überhaupt ließ das Wissen von Gott in der Gemeinde nach und die Jugendlichen waren mit allem anderen beschäftigt, nur nicht mit dem Glauben.

Aber ich hatte andere Sorgen als die Botschaft dieses Traums. Um ehrlich zu sein, mir war überhaupt nicht danach zumute, sie zu befolgen. Ich hatte zwar so ein Gefühl, Gott habe mich in die Jugendarbeit berufen, aber ich wollte einfach nicht. Ich wusste, wenn ich erst einmal anfing, mich in der Gemeinde zu engagieren, würden meine unbekümmerten Jahre ein Ende haben. Und dazu war ich schlicht und einfach nicht bereit."

Vielleicht liegt hier die Gemeinsamkeit, die ihn mit Bahdri verbindet? Auch er hatte als junger Mensch einen bemerkenswerten Traum. ‚*Verlass den Weg, dem du jetzt folgst*‘, hatte die weiß gekleidete Gestalt in seinem Traum gesagt. Bahdri hatte damals nicht verstanden, was das bedeutete, und war dem Aufruf nicht gleich gefolgt. Erst später wuchs in ihm die Überzeugung, dass es Jesus selbst war, der da zu ihm gesprochen hatte.

Habila kommt zu dem Schluss, dass es das ist, was sie verbindet: „Im Grunde unseres Wesens sind wir beide in Gottes Augen gleich. Wir haben beide gesündigt und Gott hat uns mit großer Geduld zu sich zurückgeholt, jeden auf seine Weise."

Trotz seines anfänglichen Widerstands, der mehr als ein Jahr anhielt, ist Habila schließlich doch dem Ruf gefolgt und wurde Jugendleiter in seiner Gemeinde.

Für Bahdri hat es drei Jahre voll unaussprechlicher Brutalität bei Boko Haram gebraucht, bis ihm klar wurde, dass er sein Leben ändern musste. Er hat radikal mit der Vergangenheit gebrochen und tut nun sein Äußerstes, um ein anderes Leben zu führen. Aber in seinen eigenen Augen ist auch sein Bestes nie gut genug; er hat sehr hohe Erwartungen an sich: „Ich muss heute mehr fertigbringen als jemals bei Boko Haram", hat er uns anvertraut. Es kommt mir vor, als wolle er das Leid, das er verursacht hat, wiedergutmachen. Die Sünden seiner Vergangenheit belasten ihn und er geht fast unter der Schuld zugrunde.

Habila empfindet eine Verbundenheit mit dem jungen Mann, die er nicht in Worte fassen kann. Der Mann, der auf ihn geschossen hat, hätte ebenso gut Bahdri sein können. Ist das der Grund, frage ich, warum er ihm noch einmal persönlich in die Augen schauen will? Habilas Antwort berührt mich. Nein, sagt er mir, aber er möchte Bahdri nun seine Geschichte erzählen, um ihm zu zeigen, welche Kraft in der Vergebung liegt. Für mich beweist das einmal mehr, in welcher Freiheit Habila lebt. Die Schrecken der Vergangenheit halten ihn nicht mehr im Griff.

Es wird schon Abend, als wir Bahdri am selben Ort aufsuchen, an dem wir ihn bereits einige Tage zuvor getroffen haben. Jeder Vorfall, der ihn aus seiner gewohnten Routine wirft, macht Bahdri unruhig. Er wirkt nervös, uns zu sehen. Aber so war es beim letzten Mal auch. Er lässt Habila und mich vorangehen und wir durchqueren das Tor zum Hotelgarten. Die Dunkelheit ist Bahdris Schutz, als wir hineingehen.

Habila sucht sich einen Sitzplatz und Bahdri zieht einen Stuhl für sich selbst hinzu. Ich sitze ihm gegenüber am Tisch. Habila ist sich bewusst, dass Bahdri ihm forschend ins Gesicht sieht. Dann senkt er den Blick und konzentriert sich auf Habilas Hände, die ruhig auf dem Tisch liegen.

„Bruder", beginnt Habila, „es gibt da etwas, was ich dir erzählen möchte."

Bahdri sieht ihn fragend an.

„Hast du mein Gesicht genau angesehen? Ist dir nichts aufgefallen?"

Er erhält keine Antwort. Bahdri sieht Habila jetzt direkt in die Augen. Dann neigt Habila den Kopf zu der

Seite, auf der die Dämmerung noch ein wenig heller ist. Er zeigt auf die große Narbe an seinem Hals, eine Linie von etlichen Zentimetern. „Hier ist die Kugel ausgetreten", erklärt er und zieht ein Foto aus der Tasche, das am Tag nach dem Überfall gemacht wurde. Dort, wo die rechte Wange sein sollte, sieht man eine entsetzliche große, blutige Wunde, die sich von der schwarzen Haut abhebt. In der Lücke sieht man den Knochen blank liegen. „Der Arzt hat nicht geglaubt, dass man eine solche Verletzung überleben kann", fährt Habila fort. „Aber Gott hatte etwas anderes vor. Ich dachte, man hätte mir das Leben genommen, aber ich habe es als Geschenk noch einmal erhalten."

Beim Anblick des Fotos sinkt Bahdri auf seinem Stuhl zusammen und senkt den Kopf. Es scheint, als schüttele ihn die Erkenntnis, dass es sehr leicht er gewesen sein könnte, der auf Habila geschossen hatte.

Zwischen uns herrscht Schweigen. Bahdris Körpersprache zeigt nur eines: Verletzlichkeit. Der Ernst dieses Augenblicks ist mit Händen zu greifen.

Habila spricht ungerührt weiter. Er berichtet, wie er von einem jungen Mann aus seiner eigenen Gemeinde verraten wurde, der selbst von den Boko-Haram-Kämpfern bedroht wurde. Bahdri schüttelt den Kopf und schnalzt mit der Zunge. Allmählich dringt es zu ihm durch, dass auch Habila eine Tragödie mit sich herumträgt.

„Bruder", sagt Habila, „es gibt in jedem Leben Dinge, die nicht mehr zu ändern sind. Wir haben alle Wunden davongetragen. Aber Gott sei Dank ist es möglich, neu anzufangen. Jesus hat dich im Blick und er hat dir bereits vergeben. Du bist seinem Ruf gefolgt und hast ein neues Leben begonnen. Aber du bist immer noch ein zartes Pflänzchen, das wachsen und stark werden muss. Du kannst dem Licht folgen und die Finsternis hinter dir lassen."

Bahdri reißt die Augen weit auf. „Woher wusstest du, dass das genau das ist, was ich heute hören musste?" Seine Miene verrät, wie tief ihn Habilas großherzige Worte berührt haben. Ausgerechnet jemand, der selbst ein Opfer von Boko Haram ist, will ihm Mut machen, ihm, einem der Täter!

Jetzt ist es an Bahdri zu reden. „Vorgestern ist ein guter Freund von mir ermordet worden. Auch ein ehemaliger Muslim, wie ich. Es passierte hier, in dieser Stadt. Er ging einfach die Straße entlang und eine Kugel traf ihn mitten ins Herz. Er war auf der Stelle tot. Die Täter waren Boko-Haram-Leute, die ihre Rechnung mit ihm beglichen haben."

Als er weiterspricht, gelingt es Bahdri kaum, die Tränen zurückzuhalten. „In diesem Moment, wo wir hier miteinander sprechen, wird er beerdigt. Ich konnte mich nicht einmal von ihm verabschieden. Es wäre zu gefährlich für mich, zur Beerdigung zu gehen. Wenn man mich mit ihm in Verbindung bringt, stellt mich das direkt in die Schusslinie."

Nur mit Mühe kann Bahdri in Worte fassen, was er empfindet. Er seufzt. „Nachts sehe ich manchmal Gesichter von Menschen vor mir, die ich erschossen habe. Sie sind die wilden Tiere, die ich damals in jenem Traum gesehen habe – in dem Traum, der mich als Student bereits gewarnt hat, lange bevor ich bei Boko Haram landete. Ich weiß, dass Gott mir vergeben hat; aber ich kann es nicht immer so *empfinden*. Ich kann die Vergangenheit nicht loswerden. Sie klebt an mir wie ein Schatten, jede einzelne Minute meines Lebens."

Habila wird diesen jungen Mann nicht seinem Elend überlassen. „Mein Bruder", sagt er, „Gott ist nicht mehr zornig über dich. Du kannst deine schwere Last bei ihm ablegen. Du wirst vielleicht ein Licht im Leben der jungen Leute sein, die du unterrichtest.

Aber pass auf, dass dich die Angst nicht wieder packt. Man zündet kein Licht an, um es unter den Scheffel zu stellen. Das Licht scheint in der Finsternis und die Finsternis hat es nicht ergriffen. Deine Sünden sind vergeben. Du bist neu geboren und sollst leben."

Bahdri sitzt regungslos auf seinem Stuhl, den Kopf noch immer gesenkt. Er ist sichtlich berührt von Habilas Worten, ebenso wie ich. Dann schüttelt er langsam den Kopf, dreht ihn sehr weit nach rechts und links, als könne er kaum glauben, was seine Ohren hören.

Habila steht auf, geht zu ihm und schlägt ihm auf die Schulter, wie es ein älterer Bruder tun könnte. „Bruder ...", sagt er noch einmal. Einen Moment herrscht Schweigen.

Bahdri begreift erst langsam, was dieses eine Wort bedeutet. „Danke ... ich danke dir so sehr." Seine Stimme ist nur noch ein Flüstern.

Die Kraft der Christen in Nigeria

Unser Flugzeug steigt langsam über Jos auf. Ich bin auf dem Weg zurück nach Lagos. Morgen soll ich in Amsterdam landen, das heißt, falls dieser Flug planmäßig verläuft. Ich werfe einen Blick aus dem Fenster. Unter mir glitzert derselbe Fluss wie auf dem Hinflug. Mächtig strömt er voran in die Tiefe vor uns. Ich erlebe im Geist noch einmal die Begegnungen der letzten Wochen und lasse meine Gedanken wandern.

Mein Besuch in Nigeria hinterlässt tiefe Eindrücke von dem unbeschreiblichen Drama, das sich im Norden dieses Landes abspielt. Tausende von Zivilisten, darunter viele Schulkinder, sind von Boko-Haram-Kämpfern kaltblütig ermordet worden. Es waren Christen, Lehrer oder Polizisten, die nur ihre Pflicht taten. Der Schmerz, der mir in ganz normalen Familien begegnete, war herzzerreißend. Frauen, die noch keine dreißig waren, wurden gezwungen, mit anzusehen, wie der eigene Mann vor ihren Augen ermordet und angezündet wurde. Welche Grausamkeit! Lüge und Ungerechtigkeit beherrschen das Leben.

Bei ganz normalen Nigerianern habe ich eine tiefe Trauer darüber gespürt, in welchen Zustand ihr Land geraten ist. Ich muss mich fragen: Wie würden wir in Holland reagieren, wenn eine Gruppierung wie Boko Haram so mordend und spaltend durch unsere Kirchen und Gemeinden zöge?

In meinen Begegnungen mit nigerianischen Christen

habe ich aber auch konkret erlebt, welche erneuernde Kraft das Evangelium hat. Diese Macht hat sowohl Christen als auch Muslime angerührt. Ich denke an den felsenfesten Glauben von Rebecca, die standhaft daran festhielt, dass Gott ihr Leben führt, selbst als ihr Mann ermordet wurde. In diesem Vertrauen hat sie ihr Zimmer gekündigt, überzeugt, dass Gott für ein Haus sorgen wird, in dem sie Hühner halten kann. Welch ein Glaube!

Ich denke an Pastor Awayi, der weiter auf die Macht des Gebets vertraut, selbst nachdem Dutzende seiner Gemeindeglieder getötet und seine Kirche fünfmal bis auf die Grundmauern niedergebrannt wurden. Trotz allem fragt er weiter danach, was Gott in dieser explosiven Situation von seiner Gemeinde erwartet. Pastor Awayi hat sich entschieden, unter schwierigsten Bedingungen weiterhin das Wort Gottes zu predigen, obwohl ihm durchaus bewusst ist, dass es ihn das Leben kosten kann.

Und natürlich denke ich an Habila, der nach dem mörderischen Überfall auf ihn dem Mann vergeben hat, der ihn verraten hatte. Angesichts all des Schlimmen, das ihm zugestoßen ist, hält er fest an der Liebe. Während es so aussieht, als gelte für die Welt um ihn herum die Maxime „Auge um Auge, Zahn um Zahn", schwimmt Habila gegen den Strom und stellt sich diesem Programm in den Weg, indem er sich entschieden hat zu vergeben. Diese Entscheidung trägt Früchte, nicht nur in seinem eigenen Leben, sondern auch bei den Menschen, die mit ihm in Kontakt kommen.

Das ist also das Geheimnis, wie die Kirche in Nigeria angesichts von Boko Haram überlebt! Das mitzuerleben war für mich eine Freude und ein Privileg. Die Kirche in Nigeria ist nicht nur ein Opfer der Umstände; sie ist viel mehr als das: Sie ist ein leuchtendes Vorbild für die Kirche in Europa.

Die Stewardess kommt mit dem Kaffee. Ich blättere in der Zeitung. Eine bemerkenswerte Überschrift springt mir ins Auge: *Um die instabile Lage in Nigeria zu bewältigen, braucht das Land Ehrfurcht vor Gott.* Die muslimische Lady auf dem Platz neben mir liest über meine Schulter hinweg mit und nickt heftig. „Ja, genau so ist es!", bekräftigt sie.

Was bedeutet es, im Norden Nigerias Christ zu sein?

Von Obiora Ike

Als ich 1956 in der einwohnerreichen Stadt Gusau geboren wurde, die heute zum Bundesstaat Zamfara im Norden Nigerias gehört, lebten meine Eltern als Christen in einer Umgebung, in der 90 Prozent der Bevölkerung Muslime waren. Damals, vor der Unabhängigkeit Nigerias, erlebten die wenigen Christen in Gusau Religionsfreiheit und Toleranz. Heute ist dies die Gegend, die es fast täglich in die Nachrichten schafft, und zwar mit Berichten über Terror, Boko Haram, islamistische Übergriffe, Anschläge oder blutige Aggression gegen den Staat, die Zivilbevölkerung und vor allem gegen die Gemeinde Christi in Nordnigeria.

Ein Wettstreit um die Seele Afrikas

Es ist nicht einfach, die aktuelle Situation mit nur wenigen Worten zu skizzieren. Nigeria mit seiner Bevölkerung von fast 70 Millionen Muslimen und 80 Millionen Christen ist zu einem blutigen Szenario des Schreckens verkommen. Ursache dafür ist, dass es seit Jahren einen Wettstreit um die Seele Afrikas gibt.

Dieser Wettstreit hat inzwischen viele Staaten erfasst. Muslimische Staaten wollen den Islam in Afrika stärken und nutzen dafür die Landwirtschaft, die Dollars aus dem Ölgeschäft und eine ideologisierte islamische Theologie – und zwar auf extreme Weise, die in keine gute Richtung führen kann.

Trotzdem ist der Anteil der Christen in meiner Geburtsstadt von damals 5 Prozent auf heute etwa 40 Prozent gestiegen. Mit der Verbreitung der christlichen Botschaft in Gegenden, in denen früher der Islam vorherrschend war, veränderte sich die Situation deutlich zum Positiven: Das Bildungsniveau stieg, alle Bürger erhielten Zugang zu den Ressourcen des Landes, Erziehung war nicht mehr begrenzt auf die religiöse Position des Lehrers. Das Christentum hat die Moderne akzeptiert, es ist anpassungsfähig, offen für die Entwicklung der Menschheit, schafft Möglichkeiten für Bildung und Wissenschaft und ist getragen vom Glauben an den Menschen und seine Fähigkeit, in jeder Hinsicht Toleranz zu üben. Der Islam dagegen hat auf die Herausforderungen der Moderne leider ganz anders reagiert.

Einfach gesagt: Die Terrorgruppe, die sich „Boko Haram" nennt, was so viel heißt wie: „Westliche Bildung ist Sünde", verkörpert geradezu die Unfähigkeit vieler Muslime und Traditionalisten in Nigeria, aber auch weltweit, sich der Realität der gegenwärtigen Herausforderungen zu stellen: einem Wettstreit in der modernen Kultur und Zivilisation, den Fragen von Multikulturalität und Integration und der Trennung von säkularen und religiösen Milieus.

Viele Muslime in Nigeria sehen die Christen als unmoralische Menschen, die gegen den traditionellen Islam und die Lehre des Korans handeln. Der Kampf für Allah ist ihre Antwort. Boko Haram ist die schärfste Folge einer Situation, in der unterschiedliche religiöse Weltsichten aufeinanderprallen. Verstärkt wird diese Situation noch dadurch, dass ein Großteil der Jugend arm, ungebildet, arbeitslos, obdachlos und abhängig ist und daher anfällig für politische Indoktrination und radikale Ansichten. Diese jungen Leute zu verführen, ist nicht schwer.

Was bedeutet es, heute im Norden Nigerias Christ zu sein?

Um es offen zu sagen: Es bedeutet, dass das Lebensgefühl bestimmt ist von der Möglichkeit des Martyriums wie zur Zeit der Katakomben, von brennenden Kirchen, von verweigertem Recht, davon, dass man versklavt werden kann, weil man die falsche Religion hat. Heute im Norden Nigerias Christ zu sein bedeutet, dass man kein Anrecht auf eigenes Land hat – aus religiösen Gründen. Es bedeutet, dass man keinen Job bekommt, weil man Christ ist. Praktizierender Christ zu sein heißt, dass der Glaube geprüft, durch Leiden gereinigt wird. Es bedeutet, dass Selbstmordattentäter sich an den gottesdienstlichen Stätten in die Luft sprengen und Prediger und Gottesdienstbesucher mit in den Tod reißen. In Städten wie Maidugri, Yola, Damaturu, Kano, Jos, Kafanchan,

Chibok, Gudunlabi leben mehr als eine Million Binnenflüchtlinge, die weitaus meisten davon sind Christen. Die Menschen fliehen aus ihren Heimatorten und verlieren ihre Lebensgrundlage. Bundesstaaten wie Jigawa, Adamawa und Borno sind zum Teil entvölkert und wer als Christ dort bleibt, lebt in täglicher Sorge um sein Leben.

Trotzdem gibt es Hoffnung

Und doch gibt es trotz all dieser Schrecken Hoffnung und christliche Liebe, die siegt. Die Gläubigen geben nicht auf. Ihre Zahl wächst. Allmählich entwickelt sich Solidarität. Ich selbst habe Flüchtlinge aus den nördlichen Bundesstaaten, wo der Terror wütet, in meinem Haus aufgenommen. Und wir glauben, dass wir als Nachfolger und Schüler unseres Meisters Jesus Christus auch erfahren werden, was er verheißen hat.

Viel lässt sich erreichen durch intensives Gebet, Hoffnung, die wir weitergeben, diakonisches Handeln, medizinische Versorgung und durch Selbsthilfeorganisationen, die Arbeitsplätze schaffen und Menschen wieder einen Lebensunterhalt geben. Wir wissen: In Christus wird alles sich zum Guten wenden!

Msgr. Prof. Dr. Obiora Ike
Professor für Ethik und Interkulturelle Studien
Godfreay Okoye Universität, Enugu, Nigeria

Hilfsaktion Märtyrerkirche – Verfolgten Christen helfen und von ihnen lernen

Christen werden verfolgt

In über 60 Ländern der Welt wird Christen das Recht auf Religionsfreiheit verwehrt. In diesen Ländern leben mehr als 200 Millionen Christen. Sie stehen täglich in Gefahr, ausgegrenzt, benachteiligt, gefoltert, inhaftiert oder sogar getötet zu werden.

Seit 1969 ist die Hilfsaktion Märtyrerkirche die Stimme für verfolgte Christen in aller Welt. Die Arbeit geht auf Pfarrer Richard Wurmbrand zurück, der vor 70 Jahren erstmals die Stimme für die Märtyrer in Rumänien erhob und dann aufgrund seines Glaubens 14 Jahre in rumänischen Gefängnissen inhaftiert war. Seit über 45 Jahren ist die HMK seinem Auftrag verpflichtet und hilft verfolgten Christen weltweit.

Wie die Hilfsaktion Märtyrerkirche (HMK) hilft

Je nach Land sieht die Hilfe anders aus. Denn: Verfolgung hat viele Gesichter und unsere zuverlässigen einheimischen Partner vor Ort kennen die Not und wissen, was benötigt wird. Dadurch können wir schnell und unkompliziert helfen. So engagieren wir uns in mehr als 100 Projekten in über 30 Ländern. Wir tun dies in den Bereichen Soforthilfe, Überlebenshilfe, medizinische Hilfe, Kinderhilfe, Hilfe zur Selbsthilfe, Rechtsbeistand, Ausbildung, Evangelisation und Wiederaufbau.

Die Hilfsaktion Märtyrerkirche (HMK) unterstützt Christen, die durch tätige Nächstenliebe ihre Mitmenschen und sogar ihre Verfolger zum Glauben an Jesus Christus einladen.

Wir möchten verfolgte Christen ermutigen, indem wir ihnen eine Stimme geben und ihre Glaubenszeugnisse veröffentlichen.

Es ist unser großes Anliegen, dass durch diese Zeugnisse Christen hierzulande herausgefordert und ermutigt werden, genauso konsequent in der Jesusnachfolge zu stehen wie unsere Geschwister in den Ländern der Märtyrer. Dazu gibt die Hilfsaktion Märtyrerkirche monatlich das Magazin *„Stimme der Märtyrer"* heraus. Das Magazin informiert, ermutigt und lädt zur Fürbitte und Unterstützung ein. Die *„Stimme der Märtyrer"* sowie weitere Materialien können kostenlos bei der HMK bestellt werden.

Die Hilfsaktion Märtyrerkirche (HMK) – geprüft und empfohlen

Die HMK finanziert die Arbeit und die Projekte ausschließlich durch Spenden. Der Verein hat sich zur Einhaltung anerkannter Spendengrundsätze verpflichtet und trägt das Spendensiegel des Deutschen Zentralinstitutes für Soziale Fragen (DZI), des Deutschen Spendenrates und der Deutschen Evangelischen Allianz (DEA) und gilt als „geprüft und empfohlen".

Hilfsaktion Märtyrerkirche e. V.
Tüfinger Str. 3
88690 Uhldingen-Mühlhofen
Telefon: +49 7556 92 11-0
Telefax: +49 7556 92 11-40
info@verfolgte-christen.org

Aktuelle Gebetsanliegen finden Sie auch auf:
www.verfolgte-christen.org
www.facebook.com/HilfeFuerVerfolgteChristen

„Kümmert euch um alle, die wegen ihres Glaubens gefangen sind. Sorgt für sie wie für euch selbst. Steht den Christen bei, die verhört und misshandelt werden. Leidet mit ihnen, als würden die Schläge euch treffen."
Hebräer 13,3